AF186541

Das Buch

Das Buch beschäftigt sich mit dem „Kampf" der Geschlechter aus zwei sehr verschiedenen Kulturen. Aus einer subjektiven, deutschen und sehr männlichen Sicht, werden Herausforderungen und Fallstricke basierend auf eigenen Erfahrungen mit einem teils ironischen, teils sarkastischen Augenzwinkern geschildert und so manche, nicht ganz ernst gemeinte Ratschläge gegeben, die zum Nachdenken und zum Nicht-Nachmachen anregen sollen.

Der Autor

Aljoscha Utermark, geb. 1974, ist ein ehemaliger Zeitsoldat (SaZ 12 mit Studium). Nach einem MBA in Internationalem Management an der ESB Reutlingen verbrachte der Staatswissenschaftler seit 2005 mehr als drei Jahre in Asien, vornehmlich in der VR China als Sprachstudent, als Existenzgründer und als Angestellter. Von 2011 bis 2014 lehrte er an der Universität Ningbo, Provinz Zhejiang, Deutsch als Fremdsprache. Zusätzlich unterrichtete er Englisch als Fremdsprache an einer Grundschule, an einer Mittelschule und als Hauslehrer.

Ihr Kontakt

Sie können den Autor erreichen unter vumd@chingchang-chinese.eu. Alternativ können Sie auch seinen Weblog auf http://chingchang-chinese.eu lesen oder den gelegentlichen Tweets (auf Englisch / Deutsch) von @ccchinese folgen. Mit Lesern von „Vom Umgang mit Drachen" können Sie sich auf http://deutsche-männer-und-chinesinnen.de austauschen. Dort erfahren Sie auch Weiteres zu Lesungen.

Gewidmet allen vorhandenen und künftigen deutsch-chinesischen Scheidungs[4]-Opfern.[1]

Aljoscha Utermark

Vom Umgang mit Drachen

– Deutsche Männer und Chinesinnen –

Satirischer Leitfaden für China-Fremde, Bd. 1

www.tredition.de

© 2013 Aljoscha Utermark, 1. Aufl., korr. Druckausgabe MMXV

Umschlaggestaltung, Illustration: Aljoscha Utermark, tredition GmbH

Verlag: tredition GmbH, Hamburg
(E-Book-ISBN: 978-3-8495-7636-3)
ISBN: 978-3-8495-5139-1
Printed in Germany

Inhalt

*„Schreiben ist die Bewältigung
der Welt durch Sprache."*
*Friedrich Dürrenmatt,
Schweizer Schriftsteller (1921-1990)*

Vorwort

D ie VR China ist in aller Munde. Sie begegnet uns nicht nur täglich in den Nachrichten, sondern auch im Supermarkt und in Kaufhäusern. Fast alles kommt schon aus diesem fernen „Land", und wir bemerken es fast gar nicht mehr. Überall ist China drin, auch schon in unserem Kopf?

Keine Angst ich mache jetzt hier keine Gehirnwäsche nach einem der folgenden Mottos:

- „China ist so gut!" oder
- „China ist so böse!".

Denken müssen Sie selber, das kann Ihnen niemand abnehmen! Aus diesem Grund und wegen der Fülle von Ratgebern[2] zu China habe ich mir gedacht, dieses Land einmal ganz anders darzustellen. Diese Ratgeber-Literatur ist meiner Ansicht nach meistens zu trocken und sie lässt zwei wichtige Dinge außer Acht:

- Es gibt *keine* interkulturelle Kommunikation, sondern nur Kommunikation zwischen Personen.[3]
- Die *deutsche* Kultur[4] wird vergessen.

Beide Dinge sollten aber in einem Ratgeber zum Leben und Arbeiten mit Chinesen berücksichtigt werden.

Keine Anpassung an die fremde Kultur sollte das Ziel für einen gelungenen Auslandsaufenthalt sein, sondern, wenn möglich und wenn gewollt, Integration.[5] Dies verlangt aber gerade nicht die Aufgabe der eigenen kulturellen Identität.[6]

Das erste Buch aus der neuen Reihe „Satirischer Leitfaden für China-Fremde" widmet sich einem Thema, dass jeden Mann irgendwann beschäftigt und in vielen Büchern über China vergessen zu werden scheint: Frauen!

Somit wissen Sie jetzt auch an wen sich dieses nicht ganz ernst gemeinte Buch richtet. Es ist geschrieben worden für:

- deutsche Männer zwischen 18 und 40 Jahren und
- männliche Jugendliche (ab 16 Jahre), die auch irgendwann nach China wollen.

Falls Sie zum anderen Geschlecht gehören, dann sind sie trotzdem eingeladen, weiter zu lesen. Meine Sprache ist aber eher für Männer gedacht. Also bitte jetzt nicht die populäre Sexismus-Keule herausholen und bitte auch keine Diskriminierung von Machos. Danke!

Als Textform habe ich eine Stachelschrift gewählt. Mittels Ironie, Sarkasmus, Übertreibungen und Zuspitzungen versuche ich Ihnen dieses interkulturelle Problemfeld auf eine satirische Art und Weise näher zu bringen. Somit ist *Alles*, was Sie ab dieser Seite bis einschließlich Teil 8 vorfinden, als eine Satire zu verstehen. Die Thesen und Meinungen werden jedoch durch Erläuterungen mit Verweisen auf Onlinequellen und gedruckte Medien ergänzt.

Bei der Arbeit am Text hat sich herausgestellt, dass die Anrede „kumpelhaftes Du" gut geeignet ist, um den Inhalt in Dialogform niederzuschreiben. Ich bleibe jedoch ansonsten ein strikter Vertreter der sinnvollen, deutschen Unterscheidung zwischen formellem „Sie" und informellem „Du".[7]

Ob es mir gelungen ist, Sie durch diese Textform, durch die gewählte Sprache, durch die Anrede und letztendlich durch das gewählte Thema anzusprechen, müssen Sie beurteilen. Falls Ihnen meine Wahl der Anrede- und Textform schon jetzt nicht zusagt, dann lesen Sie bitte trotzdem weiter und teilen Sie mir Ihre Meinung mit. Ich brauche Ihre Kritik! Vielen Dank im Voraus.

Aljoscha Utermark
Ningbo, Provinz Zhejiang, VR China im April 2013

„Ave, Caesar, morituri te salutant. "
Begrüßungsformel bei Schaukämpfen
für den römischen Kaiser

Teil 1 – Gruß aus China

Ihr armen Schweine! Wollt ihr wirklich in das „Reich der Mitte 2.0"?[8] Falls Euch Eure Chefin oder Euer Chef dorthin schickt, dann fragt bitte noch einmal höflich nach, ob Sie oder Er es ernst gemeint haben. – Oh, ich merke gerade, dass ich jetzt nur einen Leser vor mir habe. Also kann ich auch in der Anrede zur Einzahl wechseln und Du schreiben.

Falls Du selber auf die bescheuerte Idee gekommen bist, dann kann ich Dir *nicht* weiterhelfen. Im fremdgesteuerten Fall habe ich jedoch eine Lösung für Dich: Werde ein Ching-Chang-Chinese.

Abbildung 1: Logo von Chingchang-Chinese.

Was das ist, fragst Du Dich jetzt? Das Markenzeichen von meinem Netztagebuch. Was ist nun ein Ching-Chang-Chinese? Ganz einfach: ein Mann,

- der selbstbewusst nach China geht,
- seine Werte dort verteidigt,
- Spaß hat und
- als gereifter *Nicht*-Chinese zurückkommt. Was Du dafür tun musst?

Dieses Büchlein lesen. Das kostet Dich nicht mehr als 60 Minuten. Versprochen! Und ich verspreche Dir, dass ich das Buch nicht nur in 60 Minuten herunter geschrieben habe. Möchtest Du weiterlesen?

Gut! Du hast Dich also zum Weiterlesen entschlossen. Danke schön! Nun mache ich Dir erst einmal einen Vorschlag zu dem, was Du für Dich und hoffentlich auch für Dein Land nach der Ankunft im Reich der Mitte 2.0 machen solltest.

Deine „Mission" im RdM 2.0

Verteidige Deutschland und unsere westliche Kultur in China und damit Dich selber!

Deine Entscheidung

Nimmst Du diese Mission an?

Falls Du Dich jetzt fragst, worin der Zusammenhang zwischen Entsendung, Lokalvertrag, Studienaufenthalt, Praktikum oder Sprachkurs auf der einen Seite und Kultur auf der anderen Seite besteht, dann lege das Büchlein aus der Hand und denke in Ruhe darüber nach. Das Büchlein rennt Dir ja nicht weg.

Teil 2 – Dein Erfolgsrezept

Und? Hast Du den Zusammenhang feststellen
können? Du hast keinen unmöglichen Auftrag,
aber auch keinen ganz einfachen, Yin und
Yang eben. Ich erkläre Dir nun, wie ich es hier im RdM
2.0 ausgehalten habe, und wie ich vielleicht die Mädels
gehandhabt habe.

Deine Ausgangssituation

Dein Vorteil Nr. 1 – Dein Hm

Du bist meistens länger und zu Deiner Freude auch der Besitzer eines dicken Hm. Entschuldigung, ich wollte eigentlich niveauvoll bleiben, aber es muss eben mal gesagt werden. Chinesische Männer denken, dass sie kleine Hm haben.[9] Ich kann und will das nicht nachprüfen. Ich weiß auch nicht, wer ihnen das eingeredet hat.

Kondome gibt es in der europäischen Standardgröße, also 52 mm Durchmesser. Das größere Kaliber 56 kannst Du im RdM 2.0 in internationalen Supermärkten auch besorgen. Vorsicht bei chinesischen Kondomen mit „Chili". Das brennt bei beiden!

Dein Vorteil Nr. 2 – Ihre Bedürfnisse

Nun zu den Bedürfnissen des angeblich so schwachen Geschlechtes im RdM 2.0. Ein US-Amerikaner brachte es in Ningbo[10] auf den Punkt: „The Chinese girls just want to have, once in their life, a big d*."[11] Naja, da sollte es ja für Dich nicht so schwer sein, den Mädels das zu geben, was sie möchten / brauchen, oder? Pass' aber auf, dass Du nicht nur der nicht-gelbe Dildo bist.

Dein Vorteil Nr. 3 – Deine Erfahrungen

Wenn Du nicht aussiehst wie Casanova oder einfach nur etwas schüchtern bist, ist das im neuen Land der unbegrenzten Möglichkeiten auch kein Problem. Es geht hier auch ohne Flirt-Kurse!

Du bist im Vorteil gegenüber den chinesischen Männern. Die haben meistens noch weniger Erfahrung als Angehörige eines katholischen Priesterseminars (Hoffentlich hat das jetzt unser Ex-Papst nicht gehört.). Die chinesischen Männer „poppen" meistens erst in der Hochzeitsnacht und bevorzugen dann ein blutiges Bettlaken, weil sie mit sexuell erfahrenen und selbstbewussten Frauen der Marke „Ich will das und nicht das." nicht klarkommen.[12]

Ich denke, das ist auch der Grund warum viele chinesische Männer so weiblich aussehen. Ich sage einfach nur: Tofu-Gesichter! Keine Falten und natürlich auch keine Mimik. Wenig unterscheidet sie von Schaufensterpuppen im Nicht-RdM 2.0. Wer trägt denn als wahrer Mann eine Handtasche? Oder wer möchte denn als Nicht-Tänzer Beine wie ein französisches Mannequin haben?

Von den langen Fingernägeln ganz zu schweigen. Upps, jetzt habe ich doch gerade vergessen, dass das im RdM 2.0 ein Zeichen von sozialem Aufstieg ist.[13] Aber egal!

Dein Vorteil Nr. 4 – Deine Haare

Das bringt mich gleich noch auf einen weiteren Vorteil, den Du, vielleicht nicht jetzt, aber bald wieder, vorzuweisen hast: Brustbehaarung und Haare an den Beinen.

Viele Chinesinnen sind ganz schön verrückt nach Haaren am Körper! Falls Du auf eine Ausnahme von der Regel stößt (im wahrsten Sinne des Wortes), dann einfach zur Nächsten gehen. Es ist wie bei den Löwen: Das aktive, kapitale Männchen mit der größten Mähne bekommt die Weibchen. Die anderen Männchen verschwinden dann von selber.

Im Vergleich zu Deiner Heimat musst Du also nicht viel Geld für Enthaarungscreme ausgeben, nur weil die Mädels das von Dir erwarten. Du kannst im RdM 2.0 noch ganz Mann sein. Folge Deiner Natur!

Dein Vorteil Nr. 5 – Deine Bescheidenheit

Bei Dir fehlt die Neigung, aus angeblicher Liebe, zur illegalen Zweit- und / oder Drittfrau. Damit ich nicht immer nur über das fast banale Körperliche schreibe, musste ich das auch noch erwähnen. Romantisch, oder?

Natürlich nicht, aber wahr. Die chinesischen Jungs tendieren ab einem gewissen Alter und mit einem gewissen Einkommen zum außerehelichen Dauer-Techtelmechtel,[14] das natürlich die Mädels im RdM 2.0 nicht gerne sehen. Scheiden lassen sie sich meistens aber trotzdem nicht. Warum?

Das erkläre ich Dir in Teil 3 unter Umweltbedingungen.

Hilfreiche Regeln

Regel Nr. 1 – Keine Besserwisserei

Bitte hebe *nicht* andauernd in China den moralischen oder besserwisserischen Zeigefinger.

Du bist doch nicht ein Vertreter unserer Regierung, die das machen muss oder machen sollte (?!). Das „Kritisieren" lenkt nur ab und macht Dir im RdM 2.0 das Leben schwer. Es bringt auch nichts.

Chinesen leben in einer anderen Zeit, die eher Mittelalter und Barock gepaart mit Industrialisierung ist als eine Zeit für bürgerliche Revolutionen. Sie leben aber auch noch in einem anderen Zeituniversum!

Regel Nr. 2 – Lokal Inländer, global Ausländer

Wir, Du und ich, sind an *mehr* Orten auf der Welt Ausländer als Einheimische.

Regel Nr. 3 – Ruhender Berg

China ist der Berg, der sich *nicht* bewegt.

Regel Nr. 4 – Keine Überanpassung

Bitte *keine Überanpassung*[15] an Chinesen und an die chinesischen Verhältnisse.

Es geht bei Deinem Besuch im RdM 2.0 nur um irgendeine Form der Integration in eine fremde Kultur. Bitte lächele nicht immer, das kann eine Krankheit sein, trage auch keine 50 Stück 100,- RMB[16]-Banknoten im Portemonnaie und lass' die chinesischen Kleidungsstücke in Deinem Schrank.

Regel Nr. 5 – Barbar sein

Du bist und bleibst ein *Barbar*.

Falls Du über eine gute Bildung und / oder eine gute Ausbildung verfügst, dann kannst Du in die Gruppe der gebildeten Außenbarbaren aufsteigen! Wenn Du es dann irgendwann in die Königsklasse dieser Gruppe von Barbaren geschafft hast, winken nicht nur Titel wie „Foreign Expert", sondern vielleicht auch ein Fahrer, eine hübsche Dolmetscherin und ein besonderer chinesischer Aufenthaltstitel.

Aber auch als wenig Gebildeter, was ich jedoch jetzt zur frühen Stunde in Deinem Fall nicht annehme, wirst Du immer ein nützlicher Barbar sein,

- der fleißig alles glaubt, was er sieht,
- der überteuert kauft, was ihm angeboten wird,
- der das RdM 2.0 nicht zu verstehen glaubt und
- den man gegen andere Barbaren nutzen kann.

Diese vier Punkte gelten aber leider auch, mit nur geringen Einschränkungen, für die angeblich höhere Klasse von gebildeten Außenbarbaren. Die sind eben auch verblendet und bleiben erst Recht für die Einheimischen besonders nützlich.

Ich kann Dir aber schon jetzt verraten, dass es sich als Barbar gut leben lässt. Du kannst so manchen Chinesen, der stolz auf seine mehrfache Gehirnwäsche ist, innerlich zur Weißglut bringen, wenn Du einfach ein freiheitliches und selbstbestimmtes Individuum bleibst. Die meisten Festland-Chinesen verstehen das sowieso noch (?) nicht, denn dies scheint seit Tausenden von Jahren nicht Teil ihrer Kultur zu sein.

Regel Nr. 6 – Keine Zauberei

Das RdM 2.0 ist *nicht* so schwer zu verstehen, denn es hat sich seit 2.000 Jahren wenig verändert!

Erzählt Dir Deine Freundin etwas Anderes, dann ist das nur eine nette Form der Täuschung. Jeder Normalsterbliche kann dieses Land verstehen durch Akzeptanz

- des Widersprüchlichen,
- des Unberechenbaren und
- des Chaotischen.

Mehr nicht und auch nicht weniger! So einfach kann es sein.

Deine Vergütung

Lehrergehalt

Wenn Du Dir erfolgreich eine chinesische Freundin zugelegt hast, dann wartet leider kein Schatz auf Dich sondern es sind eher Alimente. Du wirst Dich in einem interkulturellen Labyrinth von Herausforderungen wiederfinden, das leicht zu einem Minenfeld oder sogar zu einem Irrweg in Deinem Leben werden kann!

Eure Beziehung wird nicht nur durch die üblichen Mann-Frau-Missverständnisse gekennzeichnet sein, sondern von einem „Kampf der Kulturen".[17] Den Letzteren wirst Du am Anfang nicht bemerken, denn die 30-Sekunden-Falle und Deine Hormone werden Dein Denken benebeln. Im Laufe der Zeit wirst Du Dich aber bestimmt an meine unwichtigen Worte erinnern. Den Kampf der Kulturen wirst Du meistens aber auch *verlieren*. Leider!

Zuerst wirst Du in einer Flitterwochenphase sein, ohne dass Du sie geheiratet hättest. Ein bisschen Gefühl und viel Verlangen werden diese Zeit prägen (Ausnahme: ONS irgendwo im RdM 2.0).

Sobald Du aber versuchst, die Beziehung etwas in ruhigere Bahnen zu lenken, wird es schon anders werden. Sie wird wie eine Klette an Dir kleben und Deine Wohnung als die ihre betrachten. Sie möchte eben nicht mehr bei Mama und Papa mit Oma wohnen.[18] Sie wird Dein Mobiltelefon kontrollieren und Deine E-Mails lesen, auch wenn Du mit ihr das Gegenteil für Euch beide vereinbart hast.

Im Bett wird Eure Beziehung ungefähr so verlaufen: „Ich möchte kuscheln." wird abgelöst werden von „Ich möchte noch mehr kuscheln." oder der Jungfrauen-Sex wird abgelöst werden durch „Dominiere mich!" Die Mitte ist leider eher selten im Reich der Mitte 2.0.

Welches von den beiden Extremen Dir dann mehr zusagt, das kann ich jetzt zur frühen Stunde als Mann nur ahnen. Ist aber auch egal, denn ich habe meinen Kaffee und keine Freundin!

Sei auch nicht verwundert, wenn sie nach dem gemeinsamen Sex sofort ins Bad geht und sich den *Schmutz* abwaschen muss. Das ist auch wieder ganz normal für viele Chinesinnen. Du stinkst eben! Habe ich recht?

Natürlich nicht, aber die gemeine chinesische Frauennase ist sehr empfindlich und nicht an teure Herrendüfte oder an Deinen männlichen Duft gewöhnt.

Außerhalb vom Bett gibt es noch viel mehr Herausforderungen für Dich zu meistern. Sie wird bei Dir kochen, und Du darfst trotz Deiner eigenen Kochkünste nicht mithelfen, bezahlen aber schon. Sie ist eben chinesisch erzogen worden, und chinesische Jungs lassen sich bekochen. Das bringt mich noch auf eine weitere Sache: Du musst ihr abgewöhnen, dass sie Deinen Müll wegräumt. Falls sie das gar nicht erst macht, dann freue Dich für Euch beide.

Bei besonders schweren Fällen (traditionelle, konservativ erzogene Chinesin vom Land oder aus einer Kleinstadt, was dasselbe ist) musst Du lange, sehr lange warten, bis Du bei der Nebensache überhaupt zur Aktion schreiten kannst. Falls Du das nicht verstehst, dann kläre ich Dich wieder einmal auf. Im RdM 2.0 gilt noch immer die Norm, *unberührt* in den Ehestand zu treten. Mehr zu diesem Thema später in Teil 8 auf Seite 107.

Zum Glück ist aber auch fast Alles in China käuflich: bspw. das zweite Jungfernhäutchen. Sie wird sich irgendwann wieder zunähen lassen, damit ihr künftiger, chinesischer (!) Ehemann (Nicht Du!) sich freut.[19] Opportun, frech, intelligent oder doch …?

In angeblich westlichen Metropolen wie Schanghai[20] müssen die chinesischen Jungs natürlich das nehmen, was der Markt zu bieten hat, auch wenn sie und ihre Mütter sich vermutlich darüber aufregen werden. Lieber ein „Jahreswagen" als „gar keinen Wagen", oder?

Dir kann das alles egal sein, denn Ihr seid *jetzt* zusammen, und Du bist hoffentlich toleranter als viele chinesische Jungs. Bloß Du hast einen sehr mächtigen Gegner: nicht Mao oder den Pseudo-Kommunismus, sondern die konfuzianische Erziehung.

Sie ist die Tochter, und sie muss zuallererst ihren Eltern gehorchen. Wenn Mama oder Papa sagt: „Kind, ein Ausländer ist nicht das Richtige für Dich.", dann hast Du eben verloren. Aber auch hier gilt wieder: Egal! Es gibt genügend Chinesinnen. Als ausländischer Mann ist man doch viel flexibler als eine chinesische Frau, oder?

Bloß wozu muss es denn eine Frau aus dem RdM 2.0 sein?

Ach so, ich vergaß, die Liebe. Da solltest Du lieber mal in diesem Land genau hinschauen, ob es das überhaupt in Ansätzen nach der Kulturrevolution[21] und aufgrund der Emotionen unterdrückenden, konfuzianischen Erziehung[22] mit ihrem ausgeprägten Hierarchiedenken[23] geben kann. Das wäre ein gutes Thema für eine Doktorarbeit, die wir beide jetzt aber hier nicht schreiben werden.

Worauf ich hinaus will: Im RdM 2.0 geht es oft nicht um individuelles Glück oder zumindest um Zufriedenheit, sondern um das Kollektiv und meistens auch ganz einfach ums Geschäft. Ehen sind hier nicht nur für die Neureichen und die Politkader häufig (In der Regel?) Geschäfte zum Verbinden von Familien. Das wird vermutlich in Deinem Falle auch teilweise gelten, wobei Deine Familie von Barbaren jedoch eher unwichtig sein wird. Sie wird zwar während ihres Besuches im RdM 2.0 bewirtet werden, mehr Interesse an ihr wird aber meistens nicht bestehen. Was soll denn ein Chinese von Barbaren lernen können?

Nutzen kann man sie aber gemäß dem im folgenden Kapitel erläuterten chinesischen Naturgesetz Nr. 3. Du glaubst mir jetzt nicht?

Du wirst das Alles am Anfang nicht bemerken oder wahrhaben wollen, aber es später schon bemerken, denn Du bist ja nicht auf den Kopf gefallen.

Vielleicht bist Du ja einfach nur der hormongesteuerte, naive Besitzer von Euros oder der nützliche Bürge für ein Visum für den Schengen-Raum. Du kannst Dich aber jetzt schon trösten, denn die Aussicht auf eine Green Card für die Vereinigten Staaten mit ihren vier Millionen chinesisch-stämmigen US-Bürgern[24] ist verlockender als jeder Aufenthaltstitel, den die BRD oder die EU zu bieten haben.

Zusatzleistungen

Du fragst Dich jetzt bestimmt, was Du noch außer der Möglichkeit bekommst, zusammen Spaß zu haben, oder?

Chinesinnen haben vielleicht vorne nicht viel zu bieten, aber sie werden Dich mit einem Feuerwerk von modischer Eleganz überraschen. Das ist auch meiner Ansicht nach etwas Hervorragendes im RdM 2.0, denn die Mädels wissen sich anzuziehen. Das gilt nicht nur für die erfolgreiche Ü40, die ja nicht zu Deiner Zielgruppe gehört (Oder?), sondern auch für die jungen, unverheirateten „Dinger" an den Universitäten und in Deinem Büro. Viel Spaß mit Pandas im Winter und mit Leoparden im Sommer!

Schwierig wird es vielleicht für Dich, wenn sie Dich zur Maniküre in einem dieser endlos erscheinenden, hässlichen Kaufhäuser mit ihren vielen kleinen Läden schleppen wollen. Das sollte jedoch für Männer, die auch mit ihren Händen arbeiten, zu überstehen sein.

Problematisch sind eher andere Dinge, die Du nicht ändern werden kannst. Ihr Denken und ihre kulturelle Prägung werden Dir so manche Probleme / Kopfschmerzen machen. Die chinesische Kultur ist vermutlich nicht erst seit 1978 eher widersprüchlich als logisch. Das wirst Du nicht nur an ihrem Verhalten bemerken, sondern auch an ihren Aussagen. Nicht nur gegen diese weibliche Logik wird es schwer, anzukämpfen, sondern auch gegen das asiatische Denken. Du verstehst es einfach nicht! Die Lage ist nicht hoffnungslos, sondern nur besch…

Vielleicht solltest Du das deswegen einfach alles nicht so eng sehen. Im RdM 2.0 herrscht eben das Yin-Yang-Prinzip.[25] Hell und Dunkel, Gut und Böse sind eine Einheit und können nicht ohne einander existieren. Somit akzeptiere es einfach, wie es ist. Denke immer an die Regel Nr. 1 und an Deine Kultur.

Falls Du Trost brauchst, dann denke daran, dass sie Dich auch nicht verstehen wird. So einfach ist das manchmal mit der Völkerverständigung!

Unwägbarkeiten

Was Dich aber vermutlich auf Dauer nicht nur enttäuschen, sondern vielleicht auch wütend machen wird, ist ihre stille, heimliche und langfristige Lebensplanung. Sei unbesorgt! Du hast von Anfang *keine* Hauptrolle in ihrem chinesischen Leben gespielt, sondern nur eine zeitlich befristete Nebenrolle.

Du bist nur der naive Barbar gewesen, der das nicht gesehen hat oder es nicht sehen wollte, weil … Ich werde Dir das noch weiter hinten in diesem Büchlein näher erläutern, aber jetzt nur so viel: Sei bitte nicht naiv und konzentriere Dich auf Deine Aufgaben im RdM 2.0!

Nimm doch ihren Ehrgeiz als Ansporn für Deine Aufgaben und lerne von ihr, wie man Tausende chinesische Schriftzeichen oder alles Andere auf der Welt schnell auswendig lernen kann. Stumpf ist Trumpf!

Teil 3 – Rahmenbedingungen: ihre Kultur, Dein Verhängnis

D as Sein bestimmt das Bewusstsein. Die natürliche und die soziale Umwelt bestimmen Deine Handlungsmöglichkeiten. Diese Bedingungen solltest Du kennen und berücksichtigen, damit es Dir nicht so ergeht wie einigen Deiner Vorgänger im RdM 2.0.

Zur Abschreckung: die Kranken Chinas

Falls Du besonders schwere Fälle der *China-Krankheit* (= Überanpassung) sehen möchtest, empfehle ich Dir das Panoptikum des westlichen Schreckens zur frühen Stunde.[26]

Die dort ausgestellten Ausländer mit ihren Sprechanweisungen sind recht putzig anzusehen. Ihre Aussagen sind meistens von mehrfacher Gehirnwäsche und von zu viel chinesischem Essen geprägt, also bitte nicht alles für bare Münze nehmen, was dort gesagt wird. Es ist jedoch „Info"tainment! Aber leider nicht so anspruchsvoll, geistreich und witzig wie berühmte Science-Fiction-Filme, wie Puppensendungen mit haarigen Freunden oder wie die guten alten Zeichentrickgeschichten über französische Nachbarn aus unseren Kindertagen.

Nun zurück zu Dir und Deinen Versuchen der Integration und / oder der Anpassung an die chinesischen Verhältnisse. Es ist ganz einfach!

Es scheint einige wenige chinesische Axiome zu geben, die Dein Wirken im RdM 2.0 beeinflussen werden. Deshalb habe ich mir gedacht, Dir zu erklären, was ich glaube, herausgefunden zu haben.

Chinesische Axiome

Naturgesetz Nr. 1: Grundgesetz über Barbaren

Seit Jahrtausenden gibt es eine Regel, die den Unterschied zwischen Chinesen und dem Rest der Menschheit deutlich macht.

Chinesen *sind* Menschen, und der Rest sind *Barbaren* verschiedener Stufen (abhängig von der Entfernung zum RdM 2.0 und vom Entwicklungsstand).[27]

Dies ist quasi ein chinesisches Naturgesetz, das die Beziehungen zwischen dem RdM 2.0 und dem Rest der Welt beschreibt. Ob diese Barbaren Menschen sind, muss noch durch einen chinesischen (!) Wissenschaftler geklärt werden. Wer sagt denn, dass alle Menschen von nur einem Urahn abstammen?

Du bleibst als Deutscher / Europäer so oder so ein Außenbarbar,[28] auch wenn sie Dich noch so sehr verköstigen, Dich in Seide kleiden oder Dich anlächeln. Die Frauen werden Dich küssen oder sogar mit Dir schlafen, damit Du ihnen das nächste Getränk kaufst oder sie nett ausführst. Du bist nicht nur der Handtaschenträger, sondern Du bist das Accessoire, das freiwillig zu ihr kommt und für das sie als sparsame Chinesin[29] meistens nicht bezahlen muss. Mehr dazu in Teil 3 – Deine Pflichten, ihre Freuden.

Naturgesetz Nr. 2: über Harmonie

Chinesen streben nach Harmonie *zwischen* Chinesen.[30]

Dieses Naturgesetz wird zwar im heutigen RdM 2.0 auf den ersten Blick hin eher selten eingehalten. Es ist aber nicht nur ein politisches Leitbild,[31] sondern auch ein altes Dogma, an das Du Dich als Barbar halten musst. Die Einheimischen machen das automatisch.

Denke an die Regel Nr. 1 und bringe bitte die Chinesen nicht durch Deine Kritik durcheinander. Das sind sie schon genügend,[32] denn die vielen neuen Einflüsse aus Barbarien machen ihnen das Leben schon schwer genug. Frage auch nicht nach den Kosten dieses Strebens nach Harmonie, denn es gilt doch Regel Nr. 1.

Naturgesetz Nr. 3: vom Nutzen von Barbaren

Dieses Naturgesetz regelt die Nutzbarmachung von Barbaren. Es lautet: Barbaren sind immer zu *nutzen* gegen Chinesen und gegen andere Barbaren.

Dies kann auf verschiedene Art und Weise erfolgen. Die bekannteste Methode ist, dass Du ihnen Gesicht gibst.[33] Die meisten Chinesen nehmen stillschweigend an, dass Du das als Barbar nicht verstehen wirst und auch nicht verstehen kannst.

In Peking oder Schanghai kannst Du Chinesen Gesicht geben, in dem Du Dich als Schauspieler mit weißem Gesicht für Geschäftsverhandlungen zwischen Chinesen irgendwo im RdM 2.0 engagieren lässt. Locker verdientes Geld, ohne sprechen zu dürfen.[34]

Von Deinen chinesischen Freunden kannst Du Dich aber auch zu so mancher Hochzeitsfeier einladen lassen. Dabei wirst Du nicht nur ihr Gast sondern auch die Attraktion für ihre Gäste zugleich sein, ohne dass Du es gleich bemerken wirst.[35] Jetzt hast Du aber schon angefangen, dieses kleine Büchlein zu lesen, somit wird Dir das nicht mehr passieren.

Eine andere Art der Nutzbarmachung von Barbaren nenne ich den *chinesischen Dummenfang.*

Entweder bringst Du nur Dein bescheidenes Wissen in die ungleiche Projektgruppe mit ein oder Du bezahlst irgendwie für den Marktzugang von Dir oder von Deinem Unternehmen.

Falls Du schon in China bist und Dich jetzt fragst, ob bei Dir schon eine gewisse Vernebelung Deines Geistes durch das chinesische Gelaber und das Dauerlächeln stattgefunden hat, dann denke doch bitte über das folgende Beispiel nach. Ein junger Franzose saß neben mir im Flieger. Er sagte Inhaltsvolles wie: „Eigentlich ist es überall das Gleiche. Man muss nur nach den Regeln des Landes spielen, dann kann man Geschäfte machen."[36] Da hat er natürlich ein wenig Recht gehabt, aber er irrte auch. Er war eben nur ein geldgeiler Barbar, und er wird es trotz seiner Muttersprache Französisch in China auch immer bleiben.

Naturgesetz Nr. 4: Kopiergebot

Chinesen kopieren nicht nur, sondern sie kleben seit Jahrhunderten auf alles Fremde das Etikett „Made by China with *Chinese Characteristics*" (Etwas Englisch muss doch auch einmal sein, oder?), sofern es ihnen nützt und damit es ja nicht mehr als nicht-chinesisch erscheint.

Mit einer schleichenden Chinesifizierung, oder besser gesagt Hanisierung (Ohne zweites „H"!) hast Du in allen Lebensbereichen und nicht nur im RdM 2.0 zu kämpfen.

Irgendwann wird bestimmt auch irgendein Depp in Kontinentaleuropa auf die Idee kommen, die üblichen hässlichen, bunten Beton-Tore vor chinesischen Wohnvierteln aufzustellen (finanziert durch Spenden von Nicht-Chinesen und dem Staat), um zu zeigen wie gut und weltoffen er ist. Bloß wird dann nicht durch diesen angeblichen Akt gelebter Weltoffenheit nur eine unsichtbare Grenze äußerlich sichtbar gemacht? Vermutlich wird das Alles dann weniger intelligent als einfach nur politisch opportun sein!?

Exkurs – Kann der noch Deutsch?

Na klar, oder soll ich etwa so schreiben?

Der externe Akteur muss sowohl im lokalen als auch im transregionalen Umfeld bemerken, dass eine Sinifizierung permanent und global in realen und virtuellen Artefakten externer Kulturen als Programm von diversen Institutionen weiterhin als unreflektierte Applikation durch Individuen mit einer signifikanten, statistischen Häufigkeit feststellbar ist.

Ich denke, dass so ein Sprachgebrauch in solch einem mehr oder weniger unnützen Büchlein nicht nur abgehoben, sondern auch unangebracht erscheint. Ich bleibe lieber bei meinem K^5-Deutsch.[37]

Folgen der Naturgesetze

Chinesifizierte Inlands-Barbaren

Das RdM 2.0 ist angeblich ein tolerantes, multikulturelles Land mit 56 Ethnien. Naja, so steht es jedenfalls in der Verfassung und auch in den kleinen Propagandaheftchen, die die Botschaft und die Konsulate *gerne* an noch unwissende, aber wissbegierige und sparsame, deutsche Besucher verteilen.

Wer schon immer einmal wissen wollte, wie sich irakische Kriegsgefangene im iranischen Kriegsgefangenenlager bei der Gehirnwäsche gefühlt haben, dem rate ich, diese Heftchen und Büchlein auf dem Klo zu lesen. Wenn sie Euch bei dieser Gelegenheit nicht zusagen, dann könnt Ihr sie gleich runterspülen oder noch besser: Weg damit in das Altpapier und Standardwerke von *ausländischen* Fachautoren bestellen.

Eine andere lustige Sache ist: im Freundes- oder Kollegenkreis kritisch über die Inhalte zu diskutieren, unbedingt auch mit Chinesen. Ihr werdet merken, dass viele Menschen aus dem RdM 2.0 meistens noch weniger Ahnung von chinesischer Geschichte und Weltgeschichte haben als bei uns ein Zehnjähriger. Sie werden, wenn sie nicht mehr weiter wissen, zu 90 % mit dem Totschlag-Argument kommen: Ihr aus dem Westen habt uns unterdrückt und zwar seit über 170 Jahren. Willkommen in der chinesischen Märchenstunde! Naja, lies das bitte selber nach.[38] Die Wahrheit liegt wie immer in der Mitte.

Nun zurück zu den Ethnien: Die Masse der Einwohner Chinas sind die sogenannten Han mit über 92 %. Der marginale Rest[39] wird im RdM 2.0 gerne offiziell als Minderheiten statt als Ethnien bezeichnet. Das Erste sind sie natürlich auch nach Adam Riese, aber eine Wertung kommt darin auch zum Ausdruck, oder?

Für mich ist das eine besondere Form von chinesischer Toleranz und von konfuzianischer Menschlichkeit.[40]

Die Ethnien scheinen, ganz einfache Zwecke zu erfüllen: Sie lenken von der schnell wachsenden Masse der Han ab. Sie haben anscheinend eine zusätzliche Funktion im *Staats*fernsehen: Schauspieler. Genauso wie in den Vereinigten Staaten von Amerika am Ende des 19. Jahrhunderts sind die Ethnien mit ihren Bräuchen und Kostümen die Darsteller für allerlei Darbietungen über ihre fast verschwundenen Kulturen. Sie geben dem staubig-grauen, langweiligen RdM 2.0 etwas Farbe und viel Folklore.

Der einzige Unterschied zu den USA des 19. Jahrhunderts besteht darin, dass die Indianer als Deppen bei Buffalo B... im Zirkus oder als Böse bei John W... dargestellt worden sind. In China sind es die armen, benachteiligten, hilfsbedürftigen, beherrschten, glücklichen (?), halbnackten,[41] *religiösen* Naturvölker, die im RdM 2.0 leben dürfen (müssen?).

Der Han-Moderator wird im Fernsehen von den Bräuchen schwärmen, aber vor dem festlichen Essen mit den „eingeborenen Barbaren", zu dem er eingeladen worden ist, gehen und sich seiner 3,- RMB-Pappbechersuppe widmen.[42] Lecker!

Was hat das jetzt mit Dir zu tun? Ganz einfach! Es besteht die Gefahr, dass auch Du chinesifiziert werden sollst.

Chinesifizierte Auslands-Barbaren

Besonders schwere Fälle von *gelungener* Anpassung kannst Du Dir wieder in einschlägigen chinesischen Medien ansehen. Diese werden in englischsprachigen Tageszeitungen als Paradebeispiele für Integration herumgezeigt.[43] Was Du dabei nicht erfährst ist, dass die Redaktion den Barbaren vermutlich bezahlt hat. Was wird dort dann dargestellt?

Ganz einfach! Die freiwillig vorgenommene Chinesifizierung eines Ausländers (Ich nenne das *Barbaren-Verwandlung*.), der stolz darüber berichtet wie er mit seiner Frau durch ihre (!) chinesischen (!) Freunde bekannt gemacht worden ist, wie sehr er chinesisches Essen (Oft: Würg! Meistens: kalt oder lauwarm. Immer: fett und mit Geschmacksverstärker! Fazit: Sehr ungesund!) liebt und dass er das Geld bei ihr abgibt.

Ja, Du hast richtig gelesen. Trotz gesetzlich garantierter Gleichberechtigung[44] wird von Dir erwartet, dass Dein hart verdientes Geld von ihr verwaltet wird. Naja, wenn das früher Deine Mutter für Dich gemacht hat, kann ich das ja noch etwas verstehen, aber Deine Freundin ist doch nicht Deine neue Mutter, oder? Warum macht Deine chinesische Freundin das?

Sie möchte Dir helfen und die beste Anlagestrategie finden. Na klar, willkommen wieder einmal in der chinesischen Märchenstunde! Sie kontrolliert Dich einfach. Ohne Moos nix los! Tofu-Gesichter bekommen auch nur Taschengeld von ihren Ehefrauen. Es geht um Kontrolle durch schleichende Entmündigung. Du sollst doch chinesisch werden. Ein Junge braucht diese Form der Fürsorge vielleicht, aber doch nicht ein freier Mann, oder? Deine Entscheidung, aber bitte aufpassen.

Sie wird auch auf Deine Gesundheit achten, wenn ihr ausgeht. Du bestellst Dir einen der ungesunden Cocktails mit Alkohol, und sie sich einen Milchtee (Für Kinder?). Wenn Du dann den ersten Schluck nimmst, dann wundere Dich nicht, wenn der Alkohol mal fehlt.

Mir ist es schon in Peking passiert, dass meine weibliche Begleitung einfach dachte, meine Bestellung von Alkohol zu Nicht-Alkohol abwandeln zu müssen. Ohne zu fragen, versteht sich. Fürsorglich oder einfach nur unverständlich?

Warum sie das mit mir gemacht hat? Ich habe damals nachgefragt, und sie sprach von Fürsorge. Komisch, es war mein erster Cocktail an dem noch jungen Abend gewesen. Weibliche oder chinesische Logik oder beides? Ich habe keine Ahnung, oder doch?

Dir sollte so etwas zwar nicht so häufig passieren (Bier ohne Alkohol gibt es noch recht selten im RdM 2.0), aber bitte denke an dieses abschreckende Beispiel von *Fürsorge auf chinesische Art.*

Umweltbedingungen

Frauenmangel

Eine der besten Sachen am RdM 2.0 für Männer ist leider auch eine sehr traurige Sache. In China herrscht Männerüberschuss.[45]

Aufgrund der sehr modernen Nachwuchspolitik der Familien, insbesondere im ländlichen Raum, werden Jungs den Mädchen vorgezogen. Das hat sehr tiefe Gründe in der chinesischen Philosophie oder ganz einfach gesagt: Sie spinnen einfach!

Genauso wie manche Leute noch glauben mögen, dass ihnen morgen der Himmel auf den Kopf fallen wird, so glauben Chinesen, dass nur ein Sohn den Kontakt mit den Ahnen aufrecht halten kann. Das führt dann nicht nur zu Bestechungen von gering bezahlten Ärzten zur Vornahme von gesetzlich verbotenen Geschlechtsbestimmungen an Ungeborenen sondern auch zu gesetzlich verbotenen Abtreibungen gesunder weiblicher Embryos. Auf dem Lande sollen noch schlimmere Dinge nach der Geburt passieren, die ich aber hier nicht weiter erläutern möchte.

Was heißt das jetzt für Dich als Mann? Erst einmal, dass auf 1.000 Mädchen 1.192 Jungs kommen, und das mit starken regionalen Unterschieden.[46] Für Deine Altersgruppe mag das jetzt egal sein, aber ist es auch wieder nicht ganz. Denn die chinesischen Jungs werden eifersüchtig auf Dich sein. Mit jeder Partnerschaft zwischen einer Chinesin und einem Ausländer geht wieder ein chinesischer Junge leer aus (Mögen sie glücklich zusammen leben bis an das Ende ihrer Tage.). Stell' Dir mal vor, dass auf Deinem Dorf Frauenmangel geherrscht hätte, und die Jungs vom Nachbardorf wären bei Euch auf Brautsuche gegangen. Das wäre ein Skandal gewesen oder nur eine Wiederholung des Raubes der Sabinerinnen? Klar ist in so einem Fall, dass die Harmonie zwischen den Dörfern erst einmal dahin gewesen wäre!

Ausländermangel

Aus einem Mangel anderer Art kannst Du Kapital schlagen. Das RdM 2.0 hat zwar nicht zu wenige Menschen, aber zu wenige Ausländer. Das Verhältnis Ausländer zu Chinesen liegt bei 1 zu 2.230. Wenn Du jetzt einfach mal kurz überlegst, dann merkst Du bestimmt schnell, welche Chancen sich für Dich daraus ergeben können.

Du kannst, wenn Du möchtest, die Attraktion im RdM 2.0 sein. Etwas lächeln, gute Kleidung, kein Parfüm und Aktivität, dann liegen Dir die einheimischen Mädels fast zu Füßen. Naja, ganz so einfach ist es selbst im RdM 2.0 nicht, aber Du hast viele Möglichkeiten!

Der Männermangel ist zu Deinem Vorteil auch noch doppelt, denn die chinesischen Männer sind mehr Jungs als Deine Ebenbilder; mehr dazu im Teil 4 auf Seite 53.

Glücksbehinderung und Heiratsgebot

Früher bestimmte die Familie, wer mit wem durfte. Natürlich ist das nicht mehr ganz so in den Städten, in denen Du Dich vermutlich hauptsächlich „herumtreiben" wirst, aber Mama und Papa haben immer noch ein gewaltiges Wörtchen mitzureden. Eine Partnerwahl, die von den Eltern nicht gutgeheißen wird, stellt oft Ungehorsam dar.

Nicht ihr Glück ist die Maxime, auch wenn das im Ehegesetz seit 1950 steht.[47] Sie kämpft als Chinesin den Kampf zwischen Konfuzius und ihren rein menschlichen Wünschen / Träumen / Bedürfnissen.[48]

In dieser Angelegenheit können vermutlich viele Chinesinnen ein gutes Mentoring durch einen ausländischen Freund gebrauchen. Du hast aber schlechte Karten: Du musst von hinten das Feld aufrollen und das auch noch bergauf. Viel Spaß dabei kann ich hier jetzt leider nicht schreiben, aber ich möchte Dir trotz der eher aussichtslosen Lage Glück wünschen!

Übrigens, wenn Du jetzt denkst, was schreibt dieser Idiot,[49] also ich, hier nur für vorurteilbehaftetes Zeug, dann lies bitte weiter. Dieses Büchlein ist eine Satire und das verlangt eine Überzeichnung des Beschriebenen. Meine Einschätzung des *Selbst*-Erlebten muss ja nicht Deine Einschätzung sein. Ich sitze doch nicht in Deinem Kopf und für Deine Urteilskraft (Schönes Wort, oder?) bist *nur* Du alleine verantwortlich. Das gilt bei uns noch in Europa. Im RdM 2.0 kannst Du danach lange suchen. Ach, was sage ich Dir? Mach' doch was Du willst mit Deinem Leben aber nicht mit Deiner chinesischen Freundin.

Du hast immer noch *Zweifel* daran, dass ich wenigstens etwas Recht mit meiner Beschreibung und mit meiner harten Bewertung habe.

Du denkst immer noch, dass wird mir schon nicht passieren.

Oder noch besser: Du denkst, dass das bei Deiner jetzigen Freundin aus dem RdM 2.0 nicht der Fall sein wird, weil sie schon in Deutschland studiert hat oder weil sie ihren Doktor in Boston gemacht hat, dann hoffe ich das zwar für Dich, aber ich wäre an Deiner Stelle nicht so sicher und lieber vorsichtig.

Die einfachen Ideen von Konfuzius halten sich schon seit mehr als 2.000 Jahren hartnäckig und werden durch den großen Bruder heftig propagiert. Sie zeigt es vielleicht einfach jetzt noch nicht. Warte aber bitte nicht ab, denn dann verlierst Du vermutlich eher als wenn Du jetzt schon *einige* Pflöcke einschlägst und damit klare Grenzen aufzeigst. Punkt!

Viele Worte, etwas Sinn: Sei einfach realistisch hinsichtlich der Erfolgschancen für ein Bündnis zwischen jungen Menschen aus zwei so verschiedenen und distanten Kulturen.

Scheidungsrecht

Genauso wie deutsche Frauen dürfen sich Chinesinnen scheiden lassen, aber sie machen davon weit weniger Gebrauch. Jetzt kannst Du als Feminismus-Fan sagen, dass läge an der mangelnden Emanzipation der Frauen. Naja, dann solltest Du lieber einmal in das RdM 2.0 kommen und genau hinsehen.[50] Hier arbeiten 45,3 % der Frauen, davon können wir in Deutschland mit unseren 32 % träumen, oder?[51]

Weiterhin ist das hier ähnlich wie in der DDR organisiert: nach der Geburt ist vor der Arbeit. Opa und Oma ersetzen die ostdeutsche Kindergrippe und das klappt anscheinend!

Die Frauen lassen sich vermutlich deswegen nicht so oft scheiden, weil das Scheidungsrecht von 2011 sie hinsichtlich gemeinsam angeschafftem Wohneigentum benachteiligt (Ausnahme: Schein-Scheidung zur Vermeidung der neuen Immobiliensteuer).[52]

Der Hauptgrund scheint aber zu sein, dass die chinesischen Tofus eher keine Geschiedenen haben wollen. Somit stehen die unzufriedenen Frauen vermutlich zukünftig wieder vermehrt vor der Entscheidung zwischen „Augen zu und durch.“[53] oder „Ein Leben als Single.“[54]

Etwas Stress, viel Ärger

Das Schöne an Chinesinnen ist, dass sie Yin und Yang zugleich sind.

Sie machen Dir zwar Kopfschmerzen, wenn Du wieder einmal an ihrem Gesicht oder an ihrem Nicht-Handeln ablesen sollst, was ihnen fehlt, aber das Ganze kann doch auch sehr beruhigend sein. Nimm es gelassen hin! Sie essen viel lieber Bitternis, als aktiv an einer Beziehung zu arbeiten.

Das ist natürlich für uns mehr oder weniger romantischen Beziehungstiere, die noch durch den deutschen Feminismus geprägt worden sind, gar nicht sinnvoll. Viele Probleme, die totgeschwiegen werden, verschwinden ja meistens nicht von selbst und als Kulturfremder braucht man doch auch etwas Hilfestellung, oder?

Diese Binsenweisheit gilt ausnahmsweise auch im so anderen RdM 2.0.

Bleibe jedoch auch gelassen, wenn sie Dir Druck macht. Falls Du auf Szenen stehst, dann habe ich jetzt Etwas aus meinem bescheidenen Erfahrungsschatz für Dich: die *chinesische Heulkrampfinszenierung* oder noch etwas anspruchsvoller: das *Zusammenklappen*; beides natürlich cora publicum.

Das macht keinen Spaß, sage ich Dir. Da bist Du als Mann körperlich und seelisch gefordert. Zur Einschätzung sage ich Dir aber, dass das oft mehr Schau als Notwendigkeit ist. Meistens ist ihr Verhalten eine Art von psychologischer Kriegsführung: Sie versucht Dich, nur zu Etwas zu zwingen. Dein Trost kann dann jedoch sein, dass Du schon Dein Rückflugticket hast oder, dass Du Dich doch noch an den letzten Gültigkeitstag Deines RdM 2.0-Visums erinnerst.

Deine Pflichten / Ihre Freuden

Pflicht Nr. 1 – Handtasche tragen

Das ist der einfachste Dienst. Du darfst, sofern sie Dich als ihren tageslichttauglichen oder besser gesagt als den ihr Gesicht gebenden Freund ansieht, ihre Handtasche tragen.

Das ist eine sehr verantwortungsvolle Aufgabe für einen reifen Mann, denn darin sind meistens ihr Geld und ihr Mobiltelefon. Wenn Du jetzt denkst, dass sei ein Dienst als Gentleman, dann irrst Du Dich mal wieder. Es ist ein Symbol für Deine Unfreiheit. Sie zeigt damit allen anderen Mädels, dass Du schon vergeben bist.

Wundere Dich auch nicht, wenn sie auf die Toilette verschwindet und *nicht* ihre Handtasche mitnimmt! Ich musste mehr als 30 Minuten auf meine Ex-Freundin mit ihrer Handtasche in einem Mega-Kaufhaus warten. Die Blicke der anderen Chinesinnen waren sehr interessant: erst auf mein Gesicht, dann auf die Handtasche.

Pflicht Nr. 2 – Fahrradfahren

Ein im RdM 2.0 noch beliebter Dienst der Jungs für die Frauen ist das Strampeln auf dem Fahrrad. Sie steht auf den Fußstangen am Hinterrad und hält sich an seinen Schultern fest. Als Alternative geht auch das Sitzen auf dem Gepäckträger im braven Damensitz mit Halten des Regenschirmes über beide Köpfe.

Selbst alte Männer fahren mit dem dreirädrigen Lastenfahrrad, und die Frauen sitzen hinten auf der Ladefläche. Die Frage, die ich mir bei dem Anblick der jungen Menschen immer gestellt habe, war: Warum fahren die jungen Mädels nicht selber?

Du kannst bei Ihr punkten, wenn Du ihr diese Dienstleistung bietest. Vermutlich wirst Du das aber nicht müssen, denn Großstädte wie Peking und Schanghai sind zu groß, und der Verkehr dafür zu gefährlich.

Ich vermute, dass diese Dienstleistung ein Fall von lieb Kind machen ist. Bist Du brav zum Mädel, dann hast Du eine höhere Chance sie zu bekommen. Getreu dem Motto: Willst Du f..., musst Du freundlich sein. Als Barbar kannst Du das ja ruhig machen, wenn Du magst. Kläre aber vorher die Haftungsfrage. Wer sagt denn, dass Deine Freundin Dir Glauben schenken mag, dass Du nicht der Unfallverursacher gewesen bist.[55]

Pflicht Nr. 3 – Permanente Erreichbarkeit

Eine weitere Pflicht besteht darin, dass Du für sie 24 / 7 erreichbar sein musst. Das werde ich Dir mit dem Problem Nr. 5 im Teil 5 ausführlich erläutern.

Pflicht Nr. 4 – Männchen sein

Du kannst Dir bestimmt denken, was jetzt kommt. Ganz klar, es geht wieder (Leider?) um die wichtigste Nebensache der Welt. Du bist ihr Männchen: Das verpflichtet. Mehr sage ich dazu an diesem sonnigen Morgen an einem Weißen Sonntag nicht mehr.

Exkurs – Mein privates Stalingrad

Aus meinen bescheidenen Erfahrungen mit dem anderen Geschlecht im RdM 2.0 möchte ich Dir noch einige Hinweise geben. Falls Du zu der Fraktion der Männer gehörst, die die Weisheit mit Löffeln gefressen haben, dann kannst Du diesen Abschnitt getrost überspringen. Du wirst nichts verpassen, was Du nicht schon gewusst hättest. Für Dich geht es dann weiter mit Teil 4 auf Seite 53.

Als ich das erste Mal mit einer Chinesin schlief, dachte ich eigentlich es sei alles normal. Ein netter Abend zu zweit in einer großen Stadt, etwas Alkohol für mich, viel Milchtee und ein alkoholfreier Cocktail für sie, nette Unterhaltungen, nette U-Bahnfahrt; ganz einfach gute Stimmung und Spontaneität.

Als wir dann in meinem gemieteten Zimmer in Peking waren, freute ich mich schon über die Einrichtung meiner Vermieterin: eine bunte Lichterkette und ein großes Lümmelsofa. Die Musik musste nur noch aus meinem Rechner kommen. Perfekt!

Wir gingen dann auch recht schnell zur Sache oder sollte ich lieber zugeben, dass ich etwas alkoholisiert die Initiative übernahm? Ist doch egal, oder?

Es dauerte nicht lange und der BH war auf dem Bett, und sie rekelte sich schon verheißungsvoll. Also, was nun, Macho?

Klar, ab ins Bett. – Halt! Was hatte ich nicht gesehen?

Aus der Rückblende ist mir einiges klar geworden. Ich war das Männchen zum R…, das durfte, weil es für längere Zeit vor Ort gewesen ist. Sie machte nichts, ich wiederhole nichts. Stellungswechsel wie in einer Gefechtsübung, soweit so gut. Bloß wer musste da immer zu arbeiten? Der Mann natürlich, also ich in diesem unbedeutenden Fall.

Das ist ja für eine Zeit lang ganz nett, aber irgendwann will doch Mann auch einmal entspannen oder irre ich mich da?

Ich weiß, es gibt diese R…fraktion, die unter zwei Stunden nicht aufhören kann. Gut, Jungs. Aber ist Sex nicht eine Sache unter Gleichberechtigten und Gleichbedürftigen? Mädels können sich doch auch bewegen, oder?

Meine aufgrund eines zu langen RdM 2.0-Aufenthaltes getrübte Erinnerung an *richtige* Frauen, sagt mir, dass genau das guten Sex ausmacht.

Ich habe damals vor Ort nicht weiter gegrübelt, denn *Mann* kann ja auch Probleme machen. Unsere „Beziehung" zog sich so dahin, und die sexuelle Befriedigung war eher ungleich verteilt. Die Variante „Passiv-Domina" ist eben nichts für mich.

Was hat mich da oder besser gesagt bei ihr gehalten, um jetzt endlich zum Punkt zu kommen: mein männlicher Stolz. Sie war acht Jahre jünger als ich, also war ich ein wenig stolz, das Mädel haben zu können. Aber auch blind, oder?

Du kannst getrost im RdM 2.0 Dein Alter vergessen, denn als Außenbarbar bist Du auch mit 35 noch attraktiv für junge Chinesinnen. Liebe aber nicht unbedingt inklusive! Die Schallgrenze liegt bei 42 Jahren. Diese tief in der chinesischen Kultur (Materialismus, Heirat zur Einflussnahme) verwurzelte Flexibilität für Beziehungen zwischen älterem Mann und jüngerer Frau verschafft Dir Möglichkeiten. Die Herausforderung besteht jedoch darin, anständig zu bleiben. Wie macht man das dann nur?

Ich denke, eine klare Perspektive der eigenen Absichten, der eigenen Werte und die Einbeziehung der Ihrigen sind dafür unerlässlich. Als Besucher sollte man vielleicht auch hinsichtlich der Möglichkeiten des gegenseitigen Verständnisses für die kulturellen Unterschiede und die unausweichlichen Konflikte realistisch bleiben. Liebe allein hilft nicht immer!

Mir sagte die besagte Chinesin irgendwann nebenbei: „*Westerners can't understand Chinese.*" Das sollte wohl heißen, dass ich sie nicht verstünde. Verdammte indirekte Kommunikation von so vielen Asiaten, blödes und ineffizientes um den heißen Brei Herumreden. Das ist meine Meinung dazu. Punkt!

„Lasst das Vergangene der Gegenwart dienen
und lasst ausländische Dinge China dienen."[56]
Mao Tse-tung, chin. Revolutionär
und chin. Staatspräsident (1893-1976)

Teil 4 – Deine Gegner, ihre Freunde

Im RdM 2.0 bist Du nicht in einem Urlaubsland, sondern auf einer gigantischen, überbevölkerten Baustelle. Teilweise ist es mitunter gefährlich, teilweise fasziniert es auf den ersten Blick. Leider muss ich Dich noch vor einigen möglichen Gefahren warnen. Mehrere Arten von Gegnern warten auf Dich, den Barbaren.

Die Chinesen

Deine Gegner *beiderlei* Geschlechts sind zahlreich und listig. Seit Jahrtausenden sehen sie sich als die Krone der Schöpfung an. Seit Kindesbeinen pauken sie für den Wettbewerb mit uns und lernen schon im Kindergarten Strategien für den Krieg, was sie aber nicht davon abhält, nebenbei noch Geige zu spielen.

Sie werden leicht unterschätzt, weil sie meistens von so kleinem Wuchs sind, dass Du auf sie herabblicken musst. Aber bedenke bitte die Bedeutungsverschiebung bei dem deutschen Verb „herabblicken". Zwischen „herabblicken" und „auf jemanden herabblicken" ist ein kleiner, aber ein feiner Unterschied. Das Letztere ziemt sich nicht für einen Kant-Schüler.[57] Und erst recht nicht für jemanden, der vielleicht ein Ching-Chang-Chinese werden will.

Chinesen sind schon etwas Besonderes, so denken viele es jedenfalls. Ich habe keine Ahnung, warum sie das denken. Ich vermute einfach, sie sind Menschen, die zu lange hinter einer tausende Kilometer langen Mauer gelebt haben.[58]

Manche Mauern sind bei Ihnen auch noch im Kopf und neue hat die Regierung seit 1949 und auch seit 1989 fleißig gebaut.[59] Diese gilt es einzureißen, oder? Du musst nämlich wissen: Im RdM 2.0 herrscht spätestens seit dem 04.06.1989 chronischer Mangel an Mauerspechten.

Falls Sie Dich wegen der dunklen zwölf Jahre deutscher Geschichte kritisieren oder Dich als Nachfahren von Tätern / Mitläufern / Vertretern der inneren Emigration persönlich beschimpfen, so frage Sie doch einfach nach den Ähnlichkeiten zwischen der untergegangenen UdSSR und der verschiedenen DDR und ihrem Reich (Mache das aber nur (?), wenn Du keine Geschäfte mit diesen Chinesen machen willst.).

Aufgrund meiner Erfahrungen bin ich der Ansicht: Diese Chinesen sollten uns Deutsche nicht kritisieren, denn 17 Millionen von uns haben im Gegensatz zu ihnen „nur" 38 Jahre hinter einem Schutzwall leben müssen. Sie, die Chinesen, dagegen leben seit mehr als 2.000 Jahre hinter Mauern und das auch noch freiwillig. Ach, jetzt denke ich schon wieder etwas politisch. Verzeih!

Vor 25 Jahren wurden einige meiner Schulfreunde in den USA gefragt, ob sie einen Kühlschrank hätten. Soviel zu Mauern in den Köpfen von Menschen *aller* Rassen!

Falls Du lebensmüde bist, dann kannst Du dieses Thema, das mit den Mauern, im RdM 2.0 an einer Bushaltestelle mit dem Chinesen neben Dir thematisieren. Die Antworten werden sein:

- „Das können sie nicht verstehen, weil sie *kein* Chinese sind." (Lächeln.)
- „Ich verbitte mir jedwede Einmischung in die *inneren Angelegenheiten* der VR China." (Kein Lächeln!)

Mein Ratschlag: Das ist einfach Zeitverschwendung im RdM 2.0. Ich habe Dir nicht ohne Grund schon die Regeln Nr. 1 und Nr. 5 genannt. Hast Du die etwa schon wieder vergessen?

Das chinesische Essen

Wenn Du in China bist, dann werden Sie versuchen, Dich mit allerlei zu verköstigen. Lass' Dich darauf nicht ein, denn Chinesen essen fast alles. Ich sage Dir: fast alles!

Vieles davon wäre bei uns mehr Müll als Delikatesse. Ein Land, in dem früher Menschen gegessen wurden[60] und heute noch der Mutterkuchen als gesund für Schwangere[61] und Gallensaft von Bären[62] als potenzsteigernd bei Männern gilt, sollte nicht einem deutschen Würstchenesser sagen, was wirklich lecker ist.

Falls Du Dich gesund ernähren willst, dann ist das RdM 2.0 nur wegen dem Obst sinnvoll, aber das kannst Du ja auch bei uns um die Ecke kaufen. Es kostet eben nur etwas mehr, dafür bekommt dann aber auch unser Kassenwart in Berlin etwas mehr Geld in die leeren Schatullen. Dazu brauchst Du ja nicht extra in das RdM 2.0 zu gehen.

Die Chinesen werden versuchen, Dir einzureden, dass Brot, Getreide und Bier ungesund seien. Lass' Dich auch darauf nicht ein! Wie wollen denn Chinesen, die das Brötchen von amerikanischen Schnellimbiss-Ketten für deutsches Brot halten, über unsere mehr als 500 Sorten Brot urteilen? Das ist doch wohl etwas zu einfach oder ein Fall vom Blinden, der über Farben spricht.

Sie werden weiterhin argumentieren, dass wir im Westen ja so dick seien. Da ist bestimmt viel Wahres[63] daran, aber schaue auch Du, mein „Schüler", im RdM 2.0 genau hin.

Die Mädels und die Frauen sind deswegen so dünn, weil sie nicht genügend essen und weil sie auch meistens keinen Sport alleine (!) machen. Das Ideal heißt hier in China KMI[64] <17, aber nicht KMI 20-25. Sie sind meistens *Skinny Chicken* (Meine Wortschöpfung!), weil die Männer und Mama das so wollen. Die Merkmale „unten dünn", „hinten flach" und „oben wenig" erhöhen die Heiratschancen.

Und noch eine Sache, die *Mann* wissen muss: Die chinesischen Frauenkörper sind einfach anders. Sie wirken deshalb auch schlanker, aber nur auf den ersten Blick. Was glaubst Du denn, warum die Hosen so eigenartig hoch geschnitten sind?

Sobald sie mehr essen, sind sie genauso dick wie unsere guten, alten deutschen Panzer (Wie viele haben wir eigentlich noch?), nur der Ausgleich oben / vorne fehlt. Ab 50 gehen sie dann meistens erst richtig aus dem Leim. Möchtest Du Dir das wirklich ansehen? Falls ja, ich habe Dich gewarnt!

Noch ein Hinweis zu Deinen Wettbewerbern. Sie haben spätestens fünf Jahre nach der Hochzeit einen Bierbauch statt eines Waschbrettbauches und sehen immer noch recht weich aus.

Die Bande der Vier – Konfuzius, Sun, Mao und Deng

Vier Deiner Gegner sind fast unsichtbar. Du wirst im RdM 2.0 nicht nur mit einer Dir eher unbekannten Philosophie zu kämpfen haben, sondern leider mit noch viel mehr.

Mit so manchem Inhalt des Konfuzianismus[65] wirst Du Dich mehr oder weniger anfreunden können, denn unsere Philosophien haben ja *auch* keinen Anspruch auf Allgemeingültigkeit oder Wahrhaftigkeit.

Jedoch hast Du im immer noch wirksamen Mao Tsetung,[66] den Du ständig brav in Deiner Brieftasche mit Dir herumtragen wirst, einen sehr mächtigen Gegner. Seine „Jünger" wirst Du *überall* finden: auf dem Sitzplatz neben Dir im Seminar, in Deinem Büro oder einfach nur als besonderes Beispiel für Loyalität im Staatsfernsehen. Mache aber auch hier wieder nicht den Fehler, zu versuchen, mit diesen Pseudo-Kommunisten zu diskutieren. Die haben meistens das Manifest der Kommunistischen Partei[67] noch nicht gelesen, geschweige denn das Kapital.[68]

Zudem haben sie ein Schweigegelübde über Parteiinterna abgelegt, seien sie auch noch so unwichtig (Anzahl der Kugelschreiber des Parteisekretärs). Aus diesen Gründen ist jede Diskussion vollkommen aussichtslos! Die politische Gehirnwäsche fängt im RdM 2.0 schon im Kindergarten an. Das werde ich Dir aber noch später erklären.

Mit dem Republik-Gründer Sun Yat-sen[69] wirst Du auch zu kämpfen haben, aber eher versteckt. Nicht seine Gedanken zur Republik und zur Selbstbestimmung des *chinesischen Volkes* werden Dir so manche Kopfschmerzen bereiten, sondern der von ihm formulierte Wunsch nach nationaler Einheit. Spare Dir gleich jedwede Diskussion über Taiwan, über eher unwichtige Felsen im südchinesischen Meer oder irgendwelche, unbewohnte Inseln ostwärts von Taiwan.

Du bist in einem Land, das sich selbst noch nicht gefunden hat (Böse Zungen behaupten, dass diese Suche schon seit langem andauert.). Vielleicht sprechen deswegen seine Einwohner mehr über Krieg gegen einige Nachbarn und gegen die letzte verbliebene Supermacht als über Bürgerrechte. Bedenke bitte, dass seit 1994 eine nationale Gesinnung auf allen Schultypen und Universitäten vermittelt wird.[70] Jede sachliche Diskussion darüber ist auch wieder aussichtslos. Oder glaubst Du etwa immer noch, dass Du im Frühjahr 1942 einen Hitlerjungen vom Ausbleiben des Endsieges hättest überzeugen können?

Dein vierter Gegner war ein Mann von kleinem Wuchs, aber mit enormer historischer Größe, Deng Xiaoping.[71] Ihm verdankst Du indirekt, dass Du überhaupt im RdM 2.0 sein darfst. Das Problem besteht jedoch wieder darin, dass seine Nachfolger es etwas mit den Wirtschaftsreformen übertrieben haben. Du siehst es vor Ort an der Umweltverschmutzung und an den neuen, glänzenden und übergroßen Einkaufszentren.

Deng hat 1978 seinen internen Widersachern den Kapitalismus als eine notwendige Zwischenstufe auf dem Weg zum perfekten Sozialismus schmackhaft gemacht, aber das hat doch Lenin auch schon gedacht gehabt.[72] Also wieder einmal nichts Neues im RdM 2.0 (Chinesisches Naturgesetz Nr. 4), und Du hast das doch sowieso schon aufgrund Deiner *noch* guten deutschen Schulbildung gewusst, oder?

Wenn Du nun mit Deiner intelligenten, chinesischen Freundin über Wirtschaftsreformen und ihre möglichen Folgen auf anderen Gebieten sprechen möchtest, vergiss es gleich! Sie wird in den meisten Fällen keine oder nur wenig Ahnung haben. Sie ist doch mit dem Studium, mit ihrem Mobiltelefon, mit ihrem Aussehen oder mit dem Geldverdienen beschäftigt. Du musst auch wissen: Sie ist meistens durch die Gnade der späten Geburt (nach 1989) begünstigt.

Dein schwierigster Gegner: Du selbst!

Unterschätze nicht Deine eigenen *Schwächen* und überschätze nicht Dein *Wissen* über China!

Falls Du unsicher bist, dann siehe Dir noch einmal einen Science-Fiction-Klassiker von 1979 an. Möchtest Du, dass ich Dich im Netz anspreche mit: „Du, warum versagst Du?"

Nur so viel schon jetzt dazu: Es hilft ungemein zu wissen (bevor man seinen Fuß in das RdM 2.0 setzt), wer man ist und woher man kommt und wohin man will.

Teil 5 – Eure Problemgebiete

Eine kleine Menge von Problemen wirst Du trotz Zuneigung meistern müssen. Dein Hauptproblem wird darin bestehen, sie im wahrsten Sinne des Wortes „anzulernen" (Mögen das jetzt meine Schwestern verzeihen!).

Der gemeinsame Sex wird meistens nicht auf Anhieb klappen, denn manchmal passt der Schlüssel eben nicht. Das sollte sich aber im Laufe der Zeit lösen lassen. Rückfragen zu diesem schwierigen Thema an Dr. S…

Weiterhin vergiss Deine dreckigen Fantasien von Oralsex bis zum Schluss und dem hübschen, nicht mehr ganz so sauberen, asiatischen Gesicht. Das gibt es fast nicht in China. Die haben seit der Song-Dynastie[73] eine sehr verklemmte Sexualmoral, die nur noch von einigen Ländern aus dem Mittleren Osten übertroffen wird. Aber auch hier gilt: Geduld haben und anlernen. Du bist der Lehrer und sie die Schülerin. Ist das nicht toll?

Ich sage Dir: Es kommt darauf an! Ach übrigens, die beste Geschäftsidee für das RdM 2.0: Aufklärungsfilme wie von Dr. K…

Problem Nr. 1 – Küss' mich!

Was unterscheidet Menschen von Tieren?

Menschen küssen sich! Die Küsse von Chinesinnen werden anfangs eher durchwachsen sein, aber es gibt hier auch Naturtalente. Gewöhne Dich schon einmal an die Gespräche im Bett: „Du hast mir das Küssen gelehrt." – „Oh, Du mein Lehrer!" Das durfte / musste ich mir vielleicht anhören. Das ist doch verdammt nett und so romantisch, oder? Genau das Richtige für einen Jungen, bloß nicht für einen richtigen Mann wie Dich!

Problem Nr. 2 – Kaufe mir!

Eine weitere Falle für den Kampf um Zuneigung sind die Bedürfnisse / Begehrlichkeiten der Mädchen im jungen Frauenkörper.

Du musst im RdM 2.0 Ihnen die Wünsche von den Augen ablesen, das müsste Dir aber auch aus der Heimat bekannt vorkommen. Viele Chinesinnen bekommen einfach den Mund nicht auf, und Du darfst als Ausländer vieles für sie kaufen. Du bist doch reich, oder?

Kein Problem! Der RMB steht bei 8,2:1.[74] Das ist also viel Papier für wenig Papier-Euro. Dass die meisten guten Dinge (importiert aus dem fremden (?), „bösen" Westen) hier in China in Landeswährung im Verhältnis zum Einkommensniveau genauso teuer sind wie in Deutschland, wird Dir aber keiner sagen.

Ein weiteres Problem wird für Dich jedoch langfristig viel schwerer zu lösen sein.

Problem Nr. 3 – Ich weiß nicht!

Chinesinnen sind meistens blockiert und zwar im Kopf.

Viele haben als Kinder und als Jugendliche nicht gelernt, sich emotional auszudrücken oder über Gefühle zu sprechen.[75]

Schraube deswegen gleich mal Deine Erwartungen gehörig herunter. Wenn Du von wildem Sex mit Hubschrauber oder anderen tollen Sachen bei der wichtigsten Nebensache der Welt träumst, dann bestimmt nicht mit jungen Chinesinnen. Das geht vielleicht mit einer Ü40 (meistens immer noch verdammt sexy anzusehen), aber das ist doch jetzt nicht Deine Zielgruppe, oder? Zudem bezahlt die Dich noch dafür![76] Was ein wahrer deutscher Mann ist, der prostituiert sich doch nicht, oder?

Falls Du es aber so dringend nötig hast, dann empfehle ich Japanerinnen, Thailänderinnen, Philippininnen und Indonesierinnen im nicht-chinesischen Ausland. Aber bitte nicht bezahlen! Weiße und gelbe Sex-Touristen gibt es genügend.

Mist, schon wieder ein weiterer Punkt für das RdM 2.0. Hände weg von Professionellen im gesamten Herrschaftsbereich der Mao-Dynastie.[77]

Problem Nr. 4 – Bekocht oder bemuttert?

Übrigens, wenn Du morgens in die Küche Eurer gemeinsamen Wohnung gehst, um Dir einen Kaffee zu
machen, dann sei bitte nicht verwundert, wenn ihre
Mutter dort steht und irgendetwas im Öl brutzelt. Das ist
normal im RdM 2.0, sofern ihr verheiratet seid.

Bloß geht leider die Chinesin normalerweise gegen
einen mehr oder weniger hohen „Kaufpreis" an die Familie des Mannes, und er hat dann sein Weibchen mit
Fruchtbarkeitstest.[78] Ihre Eltern treten nach der Hochzeit sehr zurück, und sie lebt mit seinen Eltern glücklich
(?) in einer Wohnung zusammen. Warum ist das jetzt
vielleicht bei Dir anders?

- Ganz einfach. Ihr seid zu lange zusammen.
- Du hast Sie geheiratet. Dummkopf!
- Du lebst noch im RdM 2.0 und damit in der
  Nähe ihrer Eltern. Dümmer geht es einfach
  nicht!

Der ganz einfache, sachliche Grund ist, dass sie Deine Unwissenheit über die chinesische Kultur ausnutzen. Vielleicht magst Du es ja auch, von Schwiegermama bekocht zu werden. Deine Sache, mir doch egal!

Wenn Du ihre Mutter noch nicht morgens in Deiner Küche erspäht hast, dann kann das ein gutes oder auch ein schlechtes Zeichen für Dich und für Eure Beziehung sein.

Im ersten Falle bedeutet es, dass Du Dir noch keine Gedanken über die teuren Verlobungsgeschenke und die Familienplanung machen musst. Du brauchst auch noch nicht einen Reisepass des RdM 2.0 zu beantragen oder über ihre Einbürgerung in Deinem Vaterland nachzudenken.

Weiterhin könnte es sein, dass Deine Dich *liebende* chinesische Freundin schon weiter plant als Du. Die Mädels sind meistens auf jeden Fall nicht dümmer als Du. Die zweite Möglichkeit gilt auch, wenn Du ihre Eltern noch nie zu Gesicht bekommen hast (Onlinebilder und Bilder auf dem Mobiltelefon gelten nicht!). In diesem zweiten Fall bist Du im chinesischen Netz gefangen, ein ganz klarer Fall von *Barbarenfang*.

Kommen wir jetzt noch zu weiteren Problemen, die auf Dich warten werden. Ich kann doch nicht immer nur über Grundbedürfnisse schreiben.

Problem Nr. 5 – Sprich mit mir!

Ihr beide sprecht fleißig Englisch miteinander, und ihr Englisch wird immer besser, aber Dein Chinesisch kommt nicht über Nihao hinaus. Du denkst jetzt, dass sei bei Deinem Lerneifer nicht möglich, ja?

Weit gefehlt. Das ist der bittere Normalfall bei dem im RdM 2.0 so weit verbreiteten und auf beiden Seiten beliebten Sprachaustausch. Du verschwendest Zeit (und Geld?), und sie profitiert.

Da Du meinen Text auf Deutsch liest, denke ich, dass Du Deutsch als Muttersprache hast. Es ist eine ganz dumme Idee eine Sprache, die für beide eine Fremdsprache ist, als Mittel für die verbale Kommunikation zu nehmen. Das geht auf die Dauer nicht gut! Zu groß ist die Anzahl der Missverständnisse zwischen Venus und Mars, zwischen Ost und West.

Sei einfach pragmatisch in einer der folgenden Varianten:

- Englisch als Notnagel und Ihr lernt beide die Sprache des Anderen.
- Du warst intelligent und hast Dir eine Deutsch sprechende Chinesin genommen, die Kafka liest.
- Du lässt Dich nicht auf viel verbale Kommunikation ein. *Volltreffer!*

Du wunderst Dich jetzt über die Reihenfolge? Ich habe mal etwas Recht studiert und dort habe ich bei meinem Prof. gelernt, dass das wichtigste Argument, die wichtigste Norm, am Schluss kommen muss.

Meine Norm ist natürlich nicht Deine Norm, aber investiere bitte einige Sekunden Deines Lebens, um darüber nachzudenken und lese noch einmal die Widmung am Anfang dieses Büchleins.

Falls Du es aber trotzdem nicht lassen kannst, dann mache es wie unsere eiserne Kanzlerin: Denke vom Ende her![79] Frage Dich also vor Deiner Abreise, was Dein Ziel für diesen immensen interkulturellen Stress ist.

Falls Du dann immer noch ein deutsch-chinesisches Bündnis wagen möchtest (vielleicht sogar auch noch ganz doof nach chinesischem Ehe-Recht[80]), dann suche Dir vorher einen guten deutschen Anwalt (Ich kann Dir eine Kanzlei in Bo... empfehlen.) und bereite Dich auf das Schlimmste vor.

Falls Du für alle diese Dinge keine Zeit oder auch keine Lust hast oder Deine chinesische Freundin einfach mal wieder 'rumzickt oder zu Mama und Papa musste, habe ich als Mann eine kleine Alternative für Dich. Blättere dazu bitte zu S. 113.

Übrigens, wundere Dich auch nicht, wenn Ihr beide nachts zusammen Sport macht und ihr Chef auf ihrem teuren Mobiltelefon anruft. Das ist normal. Ganz normal!

Als Angestellte ist sie Teil der sozialen Gruppe eines Unternehmens und auch ihrem Chef gegenüber Gehorsam pflichtig. Falls Du wie ich das Glück hattest, in einer Armee zu dienen, dann wird Dir das bekannt vorkommen. Bloß deutsche Offiziere rufen selten nachts bei Dir zu Hause an. Chinesen sind immer im Dienst. Viel Spaß dabei! Das meine ich natürlich jetzt nicht ernst, denn ich weiß selber, wie störend das sein kann.

Versuche doch das fast Unmögliche: eine Verhaltensänderung bei ihr (Das Mobiltelefon nachts und am WE ausschalten. Vibrationsalarm geht als Alternative natürlich auch.) oder eine Einstellungsänderung (mit dem Chef sprechen). Die Erfolgschance beträgt im ersten Fall: < 10 %, im zweiten Fall ist sie gleich 0 %.

Denke *immer* daran: China ist seit 2.000 Jahren ein Obrigkeitsstaat mit einer hierarchiehörigen Bevölkerung.

Selbst Kleinigkeiten wie die Urlaubszeiten werden national bestimmt und nicht durch individuelle Verhandlung. Viele Chinesen scheinen auch mehr als hilflos, wenn sie nicht wissen zu wem sie gehören und wer über bzw. unter ihnen ist. Hast Du schon einmal nachgedacht, ob Du auf der gleichen Stufe wie sie / die Chinesen stehst?[81]

Für meine weiblichen Leser sei noch angemerkt: Ja, liebe westliche Frauen so ist das leider mit Euren Geschlechtsgenossinnen. Ich kann es doch nicht ändern. Kommt bitte in das RdM 2.0 und urteilt selbst. Das kann ich Euch nicht abnehmen. Keine Angst vor Tofu! Für Euch besteht hier fast keine Gefahr. Die Jungs werden Euch nur treffen wollen, wenn Ihr blond und / oder vorne gut gepolstert seid. Heiraten werden sie Euch nicht, also droht wirklich keine Gefahr. Was soll denn auch eine chinesische *Normal*-Familie mit einem „Mischling"?

Problem Nr. 6 – Geschenke kaufen

Vergiss bitte nicht die wichtigen, kleinen Aufmerksamkeiten für Deine chinesische Freundin.

Also ganz einfach sie am Valentinstag (rosa Plüschbär) und auch an ihrem Geburtstag beschenken. Zur Erinnerung: Ihr Geburtstag ist der Tag an dem sie der Welt geschenkt worden ist. Das mit dem der Welt geschenkt worden zu sein, sollte in den meisten Fällen stimmen. Die Ausnahme von der Regel ist aber im RdM 2.0 die verwöhnte, neureiche Göre mit Pudel unter dem Schlafanzug oder mit Pudel in der Handtasche. Diese Zicken werden Dir Dein Leben schwer machen. Du wirst sie manchmal verwünschen, obwohl Deine Mama gesagt hat: So was macht man doch nicht! Dein Problem wird nur sein: Diese zickigen Mädels sind meistens auch verdammt nett anzusehen.[82] Ich bin mir aber jetzt schon sicher, dass Du auch für dieses Problemchen eine Lösung finden wirst.

Bei dieser bekannten, ungeschriebenen sozialen Pflicht des Beschenkens musst Du im RdM 2.0 auch wieder umdenken. Bitte, bitte nicht am 11.11., dem chinesischen Valentinstag,[83] ihr Etwas schenken, sondern wie üblich am 14.02. Warum denn das?

Auch wieder ganz einfach! Ich habe doch am Anfang dieses Büchleins erwähnt, dass Du nur 60 (!) Minuten zum Lesen brauchen wirst. Wäre die Antwort kompliziert, dann müsste es doch länger dauern. Ich weiß als Deutscher aber auch, dass bei Dir Zeit Geld ist, also bitte nicht zu viele schwere Antworten erwarten. Das RdM 2.0 ist nicht so schwer zu verstehen, wenn man mal den alten, *verrosteten* Schlüssel gefunden hat.

Worin besteht jetzt die Besonderheit mit den Geburtstagsgeschenken?

Ganz einfach! Chinesische Eltern verbieten häufig ihren Kindern, ihren Geburtstag zu feiern. Und wenn es erlaubt wird, dann sind das meistens die legendär langweiligen Treffen mit Opa, Oma, Eltern und den Geschwistern (gerne auch beim Amerikaner um die Ecke). Mittelpunkt ist häufig aber nicht das Geburtstagskind, sondern das Essen. Typisch chinesisch![84]

Der ganze Spuk ist für bestimmt 90 % der chinesischen Jugendlichen in der Mittelschule oder spätestens in der Oberschule endgültig vorbei, denn Feiern ist doch einfach nur Zeit- und Geldverschwendung. Und Feiern ohne die Eltern und vielleicht sogar mit Freunden des anderen Geschlechts geht doch schon gar nicht. Wo käme man denn dahin? In das freie Barbarien / Ausland?

Chinesische Jugendliche werden auf den Kampf gegen Chinesen und gegen den Rest der Welt vorbereitet. Sie sollen dabei aber *nicht* Zweite werden, dafür müssen sie eben 24 / 7 hart trainieren und dabei müssen Opfer (= der nicht gebackene Geburtstagskuchen) gebracht werden.

Diese Belastung, dieser Druck, diese Erwartungshaltung der Alten, diese Unfreiheit und diese jahrelangen Entbehrungen sind jedoch wieder ein Bündel von Vorteilen für Dich. Du kannst den nächsten Punkt bei ihr, Deiner flotten Chinesin, machen. Aber es wird nicht einfach werden.

Schenke ihr Etwas, das zu ihr passt und das ihr auch gefällt. Bitte kein Telefon aus Kalifornien. Das kauft sie sich selber zur Hälfte des deutschen Ladenpreises im Internet.[85]

Frage sie bitte aber auch nicht nach ihren Wünschen. Warum nicht? Auch das ist wieder mehr als einfach.

- Sie möchte, dass Du das siehst (Von den Augen ablesen!).[86]
- Sie kennt sie einfach nicht, weil sie *sich* nicht kennt.
- Regel Nr. 2 gilt, wenn Regel Nr. 1 nicht lösbar ist.

Sprich sie einfach als das an, was sie für Dich ist:

- Liebe Deines Lebens (Vorsicht mit solchen Schnellschüssen, nicht nur im RdM 2.0!),
- Freundin für eine gewisse Zeit (Vielleicht passt die Länge Deines China-Aufenthaltes?!),
- Dein fast kostenloser Sprachroboter,
- flüchtige Bekanntschaft oder
- meine geheime Favoritin: das lernwillige, sexy Betthäschen.

Etwas Kapitalrendite muss doch bei jedem Tauschgeschäft auch sein, oder?

Sei dabei aber nicht zu berechnend, denn das unterscheidet Dich von Deinen chinesischen Konkurrenten. Die machen sowieso meistens nur das, was ihnen Mama und Oma gesagt haben: ein Weibchen für die Produktion des Stammhalters besorgen (gerne mit etwas Geld).

Du brauchst diese Jungs auch nicht politisch korrekt als Mitbewerber zu bezeichnen, denn diese werden Dich als unkultivierten Gen-Import in das Reich der Mitte 2.0 betrachten. Wie ist es überall auf der Welt?

Fremde Pflanzen und fremde Tiere dürfen nicht ohne besondere Genehmigung eingeführt werden, um das Gleichgewicht der Natur vor Ort nicht zu gefährden. Das machst Du aber, wenn Du zur Tat schreitest und Fakten schaffst. Stell' Dir mal das Produkt aus Deiner chinesischen Freundin und Dir vor: bestimmt kein reinrassiges, chinesisches Menschlein.

Problem Nr. 7 – Dogma der Wohnung

Falls Du nicht das Glück hast, in den *sehr* westlichen Metropolen wie Peking oder Schanghai Dein „Unwesen" als Barbar zu treiben, dann werden Besuche bei ihr mehr als unwahrscheinlich und schwierig. Es sei denn, Du sollst ihren Eltern und der Oma als Verlobter vorgestellt werden.

Selbst in Peking kannst Du so manche sehr gut ausgebildete, elegante Ü30 finden, die als Alleinstehende immer noch bei Mama und Papa wohnt. Jetzt denke bitte nicht wieder, dass das nur an den immensen Wohnungspreisen liegen würde. Das kann sein, muss es aber nicht. Meistens sind es eher die mangelnde Emanzipation vom eigenen Elternhaus und die soziale Norm,[87] die das Professoren-Töchterlein noch auf dem Campus in der viel zu engen, elterlichen Wohnung wohnen lässt. Dir mag das zwar aus Gründen der Sparsamkeit einleuchten, aber es kann auch ein arges Problem für Dich sein: Sie wird bei Dir einziehen!

Problem Nr. 8 – Dogma der Harmonie

Der lange Schatten des Konfuzius reicht nicht nur bis in Dein Bett im RdM 2.0, sondern er beschattet alles.

Die Einwohner werden angehalten, zueinander harmonisch zu sein, damit das Reich nicht als Illusion zusammenfällt. Deine Freundin wird dieses Harmoniebedürfnis zwar nicht immer zeigen, wenn sie Dir beim Geldumtausch durch Vordrängeln hilft.

Sie wird es aber strikt bei den Menschen befolgen, die für sie wichtig sind. Vielleicht zählst Du ja dazu. Ich kann das nicht sagen.

Leider bedeutet dieses Streben nach Harmonie und Ausgleich auch eine Konfliktscheu, die Eure Kommunikation stark belasten kann / wird. Ich habe leider kein Patentrezept dafür, falls Du eines findest, dann lasse mich das bitte wissen. Meine Kontaktdaten findest Du am Anfang des Buches.

Für Dich gilt das Gebot auch. Wehe Dir, wenn Du Kritik an Staat, Politik, Wirtschaft, Gesellschaft oder Kultur (z. B.: am zu fetten Essen) äußerst. Du riskierst mitunter Deine Beziehung!

Teil 6 – Chinesisch-deutsche Fallen

Im RdM 2.0 warten einige Fallen auf Dich, die ich natürlich selber schon ausgetestet habe. Eine richtige Grube war jedoch nicht dabei, denn ich habe *noch* von einem privaten, chinesisch-deutschen Bündnis, Ehe genannt, abgesehen. Es sind jedoch keine unwichtigen, keine zu ignorierenden Fallen.

Trotz Deiner evtl. vorhandenen Bewunderung vor hart arbeitenden Menschen aller Rassen, mache Dir bitte eine Sache klar: Die Masse der Chinesen wird erzogen, zu funktionieren und nicht um selbstbestimmt zu leben. Ich wiederhole mich leider schon wieder, aber etwas Redundanz muss doch sein, damit ich meinen Punkt hinüber bekomme.

Falle Nr. 1 – Naive Bewunderung / Faszination

Bildung war im RdM 1.0 für den gesellschaftlichen Aufstieg sehr wichtig und ist es auch wieder im RdM 2.0, soweit so gut. Wir Deutschen könnten uns davon eine Scheibe abschneiden oder sollen wir uns lieber weiter auf den Lorbeeren unserer Väter und Vorväter ausruhen?

Das Problemchen im RdM 2.0 besteht jedoch in den Methoden: Auswendiglernen und Fakten pauken. Eigenständiges Denken und Kreativität sind meistens nicht die Lernziele. Warum schreibe ich das jetzt für Dich am frühen Morgen?

Ganz einfach, weil sie Dir irgendwann vorhalten wird, wie schlecht doch deutsche Schüler bei Pisa und Co. gewesen seien. Du wirst ihr entgegnen:

- Das war nach meiner Schulzeit (Gut für Dich!).
- Es gab seitdem erhebliche Reformen wie G8 (Auch gut!).

Das wird Dir alles nicht viel helfen, denn sie möchte eine Sache klarstellen: Chinesen sind Meister im Lernen und viel besser als *der Rest* der Welt. Das klingt jetzt vielleicht etwas überzogen, aber hinsichtlich des Stolzes ist leider ein großes Fünkchen Wahrheit darin.

Falls Du mit ihr nur am Poppen bist, dann kommst Du natürlich nicht auf diese niedrige Stufe der deutsch-chinesischen Erkenntnis. Dir kann das dann auch alles egal sein. Aber bestimmt sind auch Männer unter meinen Lesern zu finden, die Bildung als Wert an sich ansehen und auch über solche Dinge mit ihrer chinesischen Freundin reden wollen / werden.

Falle Nr. 2 – China nicht verstehen dürfen

Du liest fleißig Bücher, Netzseiten und Doktorarbeiten über das RdM 1.0 und das RdM 2.0. Natürlich stellen sich Dir dann so manche Fragen, die die Verfasser leider nicht so klar beantwortet haben oder Du hast diese Dinge einfach noch nicht ganz verstanden. Was machst Du in so einem Fall?

Na klar, Du fragst ganz einfach Deine Freundin / Partnerin. Sie muss es doch wissen, denn es ist doch ihre Kultur, ihr Land. Schon wieder falsch, einfach falsch. Dann kannst Du auch gleich einen Panda im nächsten Zoo zu wichtigen Ereignissen in der chinesischen Geschichte, in der Politik (Ganz böse!) oder in der Gesellschaft befragen.

Sie wird Dir mit Parolen antworten, die sie durch jahrelanges Ducken vor den Lehrer-Gurus und bei permanenter Propaganda-Berieselung „gelernt" hat. Der Wahrheitsgehalt ist dann ungefähr so, wie wenn Du 1985 einen Schüler in Brandenburg nach dem deutsch-sowjetischen Nichtangriffspakt von 1939 befragt hättest.[89] Die Antwort wäre meistens sehr mit Vorsicht zu genießen gewesen.

Sie kann Dir jedoch helfen, wenn es um die kulturellen Feinheiten geht (Halten der blöden, unpraktischen Essstäbchen, Geschenke für die Alten, Füße der Eltern waschen, moderne chinesische Umgangsformen). Bloß viel Reflexion darfst Du auch meistens nicht erwarten, denn sie ist mit ihrem sozialen Aufstieg und mit dem Schreiben von Textnachrichten beschäftigt. Du kannst / solltest Dich aber auch selber testen.

- Weißt Du denn, warum wir Deutschen in der Winterzeit so gerne Kerzen benutzen?
- Warum wurde das Deutsche Reich ab 1933 Drittes Reich genannt?

Soviel zum Wissen über die eigene Kultur und die eigene Geschichte. Denke an Regel Nr. 1 und spiele nicht immer den Besserwisser. Gleichzeitig aber bitte auch nicht alles glauben, was Dir so im post(?)-kommunistischen, konfuzianischen RdM 2.0 erzählt wird.

Falle Nr. 3 – Emotionale Bindung an RdM 2.0

Chinesen tendieren dazu, nicht mit Sachargumenten zu überzeugen, sondern mit Mitteln der psychologischen Kriegsführung oder besser gesagt mit einer ausgefeilten

Verhandlungstechnik. Davon wirst Du nicht verschont bleiben, wenn ihr länger miteinander zusammen seid. Du wirst es aber vielleicht nicht gleich bemerken. Sie sind eben gut. Wo sollte das Blut bei Dir noch einmal sein?

Im Kopf natürlich! Bezogen auf Deine Freundin / Partnerin ist das Emotionale natürlich gut, aber bezogen auf ihr Land, das fast so groß wie Europa ist?

Naja, wenn Du Dich im Kapitalismus des Westens nicht wohlfühlst, dann bist Du im pseudo-kommunistischen RdM 2.0 mit seinem staatlichen, leninistischen Manchesterkapitalismus vielleicht genau richtig. Denke aber daran: Du bist und bleibst ein Barbar, auch wenn Du ein Chinesisch sprechender Kommunist bist / wirst (Regel Nr. 5) oder einfacher gesagt: Du bleibst ein nützlicher Barbar (Gesetz Nr. 3).

Falle Nr. 4 – Deutsch-chinesisches Bündnis

Wenn Du nur mit Deiner Hose denkst, süchtig nach chinesischen Teigtaschen bist oder vom Reichwerden im RdM 2.0 träumst, dann ist vielleicht Falle Nr. 4 genau das Richtige für Dich: ein privates, deutsch-chinesisches Bündnis mit langfristiger Zielsetzung.

Da ich das selber noch nicht gemacht habe, enthalte ich mich jedes weiteren Kommentars dazu. Viel Glück in der Liebe!

Vielleicht doch noch ein Hinweis in Frageform: Warum gibt es so wenige Bücher über erfolgreiche chinesisch-deutsche (chinesisch-westliche) Liebesbeziehungen aus den vergangenen Jahrhunderten?[90]

„Es genügt nicht zum Fluss zu kommen
mit dem Wunsche, Fische zu fangen.
Man muss auch das Netz mitbringen."
Aus China

Teil 7 – Deine Methoden

Holzauge, sei wachsam in China und stelle Fragen über Fragen. Vergiss dabei bitte nicht unseren „W^2-Standort"[91] und unsere Kultur zu verkaufen! Aber bitte keinen Technologietransfer und auch keine Überanpassung (chinesische Oper singen, Meister im Kung Fu werden, in China heiraten oder das Lied von der chinesischen Überlegenheit singen)!

Was? Du kennst Deine eigene Kultur nicht mehr? Dir werde ich jetzt aber helfen. Deutsche Kultur ist nicht der Wettbewerb von wenig begabten Jugendlichen untereinander vor einem Millionenpublikum oder der chronische Dauerkonsum von Dingen auf Kredit, die man nicht wirklich braucht, nur weil Deine „Freunde" es schon haben.

Deutsche Kultur ist jedoch auch nicht nur Goethe und Schiller, sondern weit mehr. Mir stellt sich natürlich jetzt ein typisch deutsches Problem: Ich muss mich an die deutschen Gesetze halten, wenn ich das hier schreibe. Also wird es wieder einmal kompliziert, oder einfach nur deutsch:

- keine Namensnennung von lebenden Personen,
- keine Markennamen erwähnen und
- alles Weitere (Verrücktes?), was es sonst noch zu beachten gibt.

Damit ich Dir aber auch nicht nur eine leere Buchseite präsentiere, mache ich es jetzt anders.

Für mich besteht unsere deutsche Kultur nicht nur aus den Leistungen von Genies wie Goethe und Schiller, sondern auch aus den Leistungen der unzähligen Bürger, die als Angestellte, Arbeiter, Beamte, Geistliche, Handwerker, Hausfrauen, Künstler, Politiker, Wirtschaftsführer und Wissenschaftler, Deutschland über die Jahrhunderte zu dem gemacht haben, was in den Geschichtsbüchern steht. Natürlich wird jetzt wieder einer der Dauerlinken mit der Rechtsradikalismus-Keule kommen. Nur die Ruhe! Es wäre schon, für ein ganz normales Volk wie dem deutschen, sehr verwunderlich gewesen, wenn in seiner Geschichte keine große Fehlentwicklung stattgefunden hätte. Unsere Vorfahren hätten es jedoch lieber gänzlich sein lassen sollen.

Deutsche Kultur ist nicht nur Dauerschuld / historische Verantwortung, Johann Wolfgang von Goethe und Friedrich von Schiller, sondern auch Adventskalender, Annette von Droste-Hülshoff, Angst vor Inflation, Anti-Baby-Pille, Antibiotikum, Apfelwein, APO, Aufklärung, Aufrichtigkeit, Auto, BAB, Berufsbeamtentum, Befreiungskriege, BGB, Bier, Bildung, Brandenburger Tor, Buchdruck mit beweglichen Lettern, Buchpreisbindung, Bundesländer, Bundestag, Burgen, Bürgertum, Christkindlmarkt, Currywurst, Deutsche Eichen, Deutscher Orden, Deutsche Sprache, Dichter und Denker, Dieselmotor, direkte Kommunikation, DM, duale Berufsausbildung, Ehrenamt, „Einigkeit, Recht und Freiheit", Eisernes Kreuz, Elbe, Erfindungsgeist, Fachwerk, Fleiß, Forscherdrang, Föderalismus, Frauenwahlrecht, Freigeist, freiheitlich-demokratische Grundordnung, Freiheit von Forschung und Lehre, Friedrich I. Barbarossa, Friedrich der Große, Fußballfieber, Gauß'sche Normalverteilung, Genauigkeit, German Angst, Gewerkschaften, Gewissenhaftigkeit, GKV, Gleichberechtigung, Gebr. Grimm, Gemütlichkeit, Grundgesetz, Gymnasium, Handwerk, Heinrich Heine, Heisenberg'sche Unschärferelation, Helgoland, 1 Hertz, HGB, Hilfsbereitschaft, Friedrich Hölderlin, Humanismus, Humboldt'sches Erziehungsideal, Infinitesimalrechnung, Ingenieurskunst, Jakob Michael Reinhold Lenz, Karl der Große, Karl Marx, Karl May, Karneval, Kartoffel, Kepler'sche Gesetze, Kirmes, Heinrich von Kleist, kommunale Selbstverwaltung, Kölner Dom, Kreisauer Kreis, Krimi-Begeisterung, Kuckucksuhr, Labskaus, Länderfinanzausgleich, Lebkuchen, Leberwurst, Lederhosen, Leistungsbereitschaft, Leistungsdroge Kaffee, Gotthold Ephraim Lessing, Limes, Made in

Germany, Mauerfall, Menschenrechte, Mittelstand, Mülltrennung, Nibelungenlied, Noether-Theorem, Novalis, Ordnung, Perfektionismus, Pflicht, Preußen, progressiver Steuersatz, Pünktlichkeit, Quantensprung, Rechtsstaat, Reeperbahn, Reformation, Reiseweltmeister, Relativitätstheorien, Ritter, Romantik, Röntgenstrahlen, Sachorientierung, Sauberkeit, Sauerkraut, Schäferhund, Schützenverein, Schwarz-Rot-Gold, Schwarzwald, Schweinshaxe, soziale Marktwirtschaft, Sozialstaat, Spendenbereitschaft, Toleranz, Treue, Überregulierung, Umweltschutz, Vater Rhein, Vereinswesen, Volksfeste, Walhalla, Walther von der Vogelweide, Währungsreform, Weißwurst, Wernher der Gartenaere, Westbindung, „Wir sind das Volk.", Wirtschaftswunder, Luftschiffe und natürlich viele Andere und vieles Andere mehr.

Wer lieber Zahlen mag, für den habe ich eine kleine Liste von Jahreszahlen zu historischen Ereignissen, die meiner Meinung nach durch deutsche Kultur ermöglicht wurden und / oder sie geprägt haben. 9 n. Chr, 800, 1192, 1517, 1555, 1618-48, 1806, 1815, 1848/49, 1871, 1914-18, 9. November 1919, 1923/24, 1933, 1939-45, 20. Juli 1944, 21. Juni 1948, 23. Mai 1949, 68er, Herbst 1977, 9. November 1989, 3. Oktober 1990, 01. Januar 2002.

Nachschlagen musst Du aber selber. Ich nehme jedoch hier im dunklen RdM 2.0 an, dass Du etwas mit den meisten Daten anfangen kannst. Hast Du eigentlich schon einmal verstanden, wie man als junger Mensch mit G8 in weniger Zeit die rasant wachsende Menge Wissen bewältigen soll?

Zurück zu meiner Mindmap zu Deutschland im Listenformat über berühmte Deutsche und über die deutsche Geschichte. Kultur wird bekanntlich von allen Menschen gemacht, also sollte man wenigstens einige stellvertretend nennen.

Auf dieser Seite kannst Du Dir jetzt Deine eigene Mindmap basteln.

Genug gemalt! Jetzt bin ich wieder daran, Dich zu „verwirren".

Unsere Biere und unsere Brote gehören einfach zu unserer Kultur, also B^2. Leider fehlt nur die gute alte DM. Heul!

Hätte man den Euro DM genannt, dann wäre er gleich zu einem Erfolg geworden. Nur die Franzosen hätten wieder geheult! Die begreifen es einfach nicht, dass wir trotz zweier Katastrophen wirtschaftlich besser dastehen. Upps, ich wollte eigentlich über das RdM 2.0 schreiben und nicht über europäische Nachbarn, Partner (!), Brüder (?) mit einem Hang zum subventionierten Mittagessen als Ausgleich für die 35-Stunden-Woche.[92] Naja, sie haben ja wenigstens die Force de Frappe.[93]

Machen Bier und Fußball Dichter und Denker? Hat Goethe in Weimar Bier getrunken und Fußball gespielt? Ich weiß es *einfach* nicht!

Deine Vorbereitung in Deutschland

Lies vor Deiner Abreise Bücher über uns Deutsche und über unsere Kultur! Das wird Dir das Leben im RdM 2.0 einfacher machen. Ich habe im Anhang eine kleine Liste für Dich zusammengestellt.

Ich habe jedoch schon jetzt einige Ratschläge für Dich:

- Kaufe *Edelstahl*-Essstäbchen!
- Besorge Dir einen *Lady*shaver. Den wirst Du brauchen für alle ihre Haare, die nicht auf ihrem Kopf sind.
- Deine mentale Vorbereitung: Bleibe nicht bei einer chinesischen Freundin stehen! Du kannst auch mehrere haben, aber bitte *nicht* gleichzeitig!
- Mache Dich bei Deiner Schwester noch einmal über *Frauenkörper* und ihre Wehwehchen schlau. Falls Du keine nette Schwester hast, dann hilft auch ein Biologiebuch aus der Klassenstufe 9.
- Lese zudem die chinesischen, amerikanischen und europäischen *Quellen*, die mich neben eigenen Erfahrungen und Erlebnissen zu meinen überspitzten Aussagen veranlasst haben.
- Erstelle, sofern Du es noch nicht gemacht hast, Deine persönliche *Mindmap* zur deutschen Kultur.

Deine Absicherung im RdM 2.0

Ich habe hier nun einige Punkte zusammengestellt, die für mein „Überleben" im RdM 2.0 bislang sehr sinnvoll waren. Ich muss aber auch gestehen, dass es manchmal schwer fällt, alle Punkte gleichzeitig einzuhalten. Je länger man im RdM 2.0 ist, desto schwieriger scheint es zu werden. Ich habe leider bloß noch nicht herausgefunden, wie hoch die maximale Aufenthaltsdauer ist bevor man sich selbst zur Stressreduktion freiwillig aufgibt. Verkaufe bitte nicht Deine Seele!

Generelles und Ideelles

Nun zurück zu der Liste. Sie ist bestimmt nicht vollständig und auch nicht das Maß aller Dinge. Bitte streiche und / oder ergänze frei nach Belieben.

- Bleibe ruhig!
- Zeige Respekt, aber mache Dich dabei nicht zum Dummen!
- Achte auf Deine Ernährung!
- Lerne weniger einen chinesischen Dialekt zu sprechen, als chinesische Schriftzeichen zu lesen und zu schreiben. Das Erste bringt Dir Lob, das Zweite macht zwar viel Arbeit, aber es macht Dich langfristig unabhängiger von den Einwohnern im RdM 2.0.
- Hänge Dir Deine Mindmap zur deutschen Kultur an eine Wand.
- Konzentriere Dich auf Deine Arbeit im RdM 2.0.
- Sei tolerant, aber nicht naiv!
- Bleibe europäisch-deutsch und bewahre Deine Werte!

Materielle Vorsorge

Du brauchst mindestens zwei Telefonnummern und auch mindestens zwei Mobiltelefone. Mit einem Vertrag bist Du in ganz China für Deinen Chef erreichbar und natürlich auch für Deine Freunde in Deutschland. Für Deine chinesische Freundin nimmst Du Dir ein preiswertes Mobiltelefon mit wiederaufladbarer Guthaben-Karte. Das spart zuerst Geld vor Ort und im Notfall Dir Nerven, falls Du Schluss machen möchtest / musst. Diese SIM-Karten sind meistens nur für eine Dauer von 3, 6 oder 9 Monaten freigeschaltet. Warum Du das brauchst?

Leider wieder so eine Kleinigkeit, die ich lernen musste. Chinesinnen werden Dich mit bedeutungs-schwangeren Textnachrichten zubomben, wie: „Ich bin jetzt aufgestanden. – Ich bin jetzt im Bad. – Ich habe Hunger. – Hast Du schon gegessen? – Was machst Du? – Hast Du Zeit? – Ich lerne. – Ich bin bei Mama. – Ich bin müde. – Ich sehe Video. – Ah! …" Diese mehr oder weniger wichtigen Informationen haben mehrere Ziele:

- Dich zu verwirren,
- Dich beschäftigt zu halten und
- Dich zu testen.

Wenn Du nicht unverzüglich auf diesen „Schwachsinn" antwortest, dann giltst Du als unzuverlässiger Barbar[94] und bei mehrfachem Vorkommen als nicht an ihr interessiert. Das kann Dir aber fast egal sein, denn wer ist denn so doof, Arbeit mit Freizeit 24 / 7 zu verbinden?

Chinesen leider! Sie spielen, wenn sie arbeiten, und arbeiten, wenn sie spielen.[95]

Wie schon mit Regel Nr. 1 gesagt: Chinesen leben in einem anderen Zeituniversum. Sie scheinen / sind immer zu beschäftigt, weil ihre Selbstorganisation oft der eines deutschen Kindergartenschülers entspricht und weil sie auch immer zu beschäftigt sein müssen (Das ist eine soziale Norm!).

Stelle Dir mal vor wie das RdM 2.0 aussehen würde, wenn plötzlich 1,34 Milliarden Menschen anfangen würden, ihren Tagesablauf in Arbeitszeit und Freizeit einzuteilen. Vorbei wäre es mit der Hektik, aber vielleicht auch mit der öffentlichen Ordnung. Diese Entwicklung wird bestimmt in einigen Jahr*hunderten* auch kommen, sobald die Wirtschaft es notwendig macht. Jetzt hast Du damit noch nicht zu kämpfen. Also kannst Du diesen Hinweis gleich wieder vergessen. So einfach ist das manchmal!

Deine Herkunft: Dein Erfolgsgeheimnis

Ich mache es jetzt kurz, denn ich habe mal wieder Hunger. Beschäftige Dich, wie schon gesagt, vor Deiner Abreise und, erst recht im RdM 2.0, intensiv mit Deiner Kultur. Du trägst mehr von ihr in Dir als Dir vielleicht jetzt bewusst ist.

Das wird Dir bei den pausenlosen Lobpreisungen über angebliche 5.000 Jahre chinesischer Geschichte etwas helfen, denn diese sollen angeblich ausschließlich Geschenke für die Menschheit gebracht haben.

Du solltest aber auch hier wieder lieber den Mund halten, denn viele Deiner Gesprächspartner haben einen kleinen Tunnelblick oder gar keine Ahnung vom Mischmasch der eigenen Geschichte. Viele Einwohner im RdM 2.0 werden immer mit Kultur argumentieren, wenn sie nicht mehr weiter wissen. Übrigens Gehörstöpsel kosten nur 20,- RMB in einer japanischen Ladenkette zur Wohnungseinrichtung. Das wäre doch Etwas für so eine Situation, oder?

Nützliche Formeln / Hilfsmittel

Hilfsmittel Nr. 1 – Lebenserfahrungsformel

Etwas Mathematik muss bei diesen vielen Worten auch mal sein.

$$\textit{Ihr Alter} - 1 - x = \textit{vergleichbares Alter einer West-} \\ \textit{oder Mitteleuropäerin}$$

Ich erläutere Dir kurz die Formel hier und nicht erst in den Anmerkungen, damit Du jetzt auf das lästige Umblättern verzichten kannst.

Du nimmst ihr Alter und ziehst dann ein Jahr ab. Chinesen denken beim Alter in angefangenen Lebensjahren und nicht wie wir in abgeschlossenen. Das ist wieder eine kleine chinesische Andersartigkeit auf die wir Deutsche achten müssen. Danach wählst Du frei Schnauze oder besser gesagt anhand Deines Eindruckes nach dem ersten Treffen einen Wert zwischen 6 und 15. Diesen Wert x ziehst Du wieder ab. Das Ergebnis ist eine Schätzung für ihr „Erfahrungs-Lebensalter".

Wenn Du Dir jetzt sagst, ich spinne. Na gut, dann gehe einfach in das RdM 2.0 und finde Deine eigene Formel. Du kannst auch gerne all die Fehler wiederholen, die ich hier gemacht habe. Bitte schön! Wie schon gesagt: Ich kann, will und darf Dir doch das Machen von Erfahrungen nicht abnehmen.

Hilfsmittel Nr. 2 – Muster-Lebenslauf

Bitte beschäftige Dich aber auch mit dem „Standard"-Lebenslauf einer Chinesin, der ungefähr wie auf Seite 96 beschrieben aussieht.[96]

Die angegebenen Werte sind natürlich nur Richtwerte und können im Einzelfall auch abweichen. Durch ein Studium im In- oder im Ausland verschieben sich evtl. die Zeiten für Heirat und Kinderkriegen, aber nicht zwangsweise.

Für Chinesen ist es normal, Bitternis zu essen. Es ist nicht schlimm, wenn die Frau in New York arbeitet, und er in der Nähe seiner Eltern bei Schanghai. Das gilt auch für die Kindererziehung. Mama und Papa müssen nicht zwangsläufig dort sein, wo das Kind ist. Das ist im RdM 2.0 schon etwas anders als im guten, alten Deutschland.

Falls Du das Alter von Deinen männlichen Konkurrenten schätzen möchtest, ist die Formel einfacher: Du ziehst von Deiner Schätzung pauschal acht Jahre ab und merkst Dir, dass viele chinesische Jungs erst mit Erreichen des 40. Lebensjahres zu Männern werden. Das ist doch wieder ein herrlicher Beleg dafür, wie kompliziert die Frauenwelt ist und wie unkompliziert der Umgang mit den eigenen Geschlechtsgenossen sein kann.

Eine wichtige Regel, die Du kennen und bei Bedarf auch berücksichtigen solltest, lautet: Vor dem Erreichen des 25. Lebensjahres können die chinesischen Mädels die chinesischen Jungs wählen, danach ist es umgekehrt.

Ich muss es leider noch einmal wiederholen, was ich über die angeblichen Verständnisprobleme hinsichtlich des RdM 2.0 denke: Das RdM 2.0 ist nicht, so schwer zu verstehen. Das erzählen einem die Chinesen nur andauernd, denn sie wollen die *Banalität* des chinesischen Ganzen verschleiern.

Lebens-alter	Lebensab-schnitt	Nebenauf-gaben	soziale Rolle	Bemerkungen
2-6	Kindergarten	Chinesisch pauken, Privat-unterrichte	Kind	Ballett, Eng-lisch, Klavier / Violine
6/7 - 12/13	Grundschule	Privatun-terrichte	Kind	Ballett, Eng-lisch, Klavier / Violine
12/13 - 15/16	Mittelschule	Privatun-terrichte	Jugendli-che	Ganztagesschu-le, teilweise mit Wohnheim
15/16 - 18/19	Oberschule	Teilnahme an der Gaokao	Jugendli-che	Ganztagesschule bis abends, teilweise mit Wohnheim
18/19 - 22/23	Universität / College		Jugendli-che	Volljährigkeit mit 18 Jahren
22/23	erster Vollzeit-arbeitsplatz			WG, selten alleine wohnen, häufig Wohn-sitznahme bei den Eltern / bei Verwandten
21-25	Vorstellung des ersten Freundes bei den Eltern			Papa macht ihn dann zum Verlobten.
23-28/30	Heirat		Erwach-sene	nach Verhand-lungen zwischen den Familien
24-29	Kind			Arbeitsbeginn nach Mutter-schaftsurlaub
50	frühestes Ren-teneintrittsalter			
50-60	Oma werden	Kinder hüten und erziehen		
60	Regelalter für Pensionierung			

Tabelle 1: „Muster"-Lebenslauf.

Hilfsmittel Nr. 3 – Zahlenschlüssel

Wenn Du eher mit der Hose als mit dem Kopf denkst oder wenn einfach die körperliche Liebe mit ein bisschen Gefühl für Dich jetzt genau das Richtige ist und nicht Papa werden, dann benötigst Du vielleicht etwas Wissen darüber, wie Du ihre sexuellen und emotionalen Erfahrungen einschätzen kannst.

Bei einem meiner fast legendären Sit-ins beim Amerikaner habe ich mir dieses Hilfsmittel entworfen: Den Zahlenschlüssel für Chinesinnen „c-h-i-n-a" (siehe nächste Seite).

Die Variable c ergibt sich als Summe der Ziffern Nr. 1 bis Nr. 4, geteilt durch 4. Die Variablen h, i, n und a erhalten die entsprechenden Werte durch Nachfragen bei Deiner Freundin.

Zur Interpretation des Zahlenschlüssels gilt: Je geringer der Wert der Variable c ist, desto schlimmer für Dich. Je mehr Nullen die Variablen h, i, n und a enthalten, desto schlimmer.

Bitte bedenke jedoch, dass diese Zahlenkombination nur ein ungefährer Wert zur Einschätzung ihrer Erfahrung und ihrer „Leistungsbereitschaft" ist. Sei bitte auch nicht verwundert, wenn sie schon seit sechs Jahren einen Freund hat, aber immer noch die Erfahrung einer Schülerin.

Variable	Ziffer	Merkmal	Wert [Jahre]	Bemerkungen
c	Z 1	Lebensalter	22	gem. Personalausweis
	Z 2	theoretische sexuelle Aufklärung	22	
	Z 3	Anzahl der Jahre ohne eine Beziehung	22	
	Z 4	Alter beim ersten Mal	22	Sofern noch nicht erfolgt, dann Null.
			Wert [Zahl]	
h	Z 5	Anzahl Freunde vor Dir	0	
i	Z 6	Anzahl Sexpartner	0	
n	Z 7	Wohnort im RdM 2.0	1	0 für elterliche Wohnung; 1 für Wohnheim; 2 für WG; 3 für eigene Wohnung
a	Z 8	Heiratswunsch	1	0 für sofort; 1 für U30; 2 für Ü30

Tabelle 2: „Zahlenschlüssel" mit Beispiel.

Einen weiteren ebenfalls nicht ganz ernst gemeinten Vorschlag habe ich jetzt an diesem verregneten Sonntagmorgen auch noch für Dich: das Beziehungspolygon. Das ist die Bildvariante für diejenigen unter Euch, die es nicht so sehr mit numerischer Mathematik haben.

Hilfsmittel Nr. 4 – Beziehungspolygon

Für Deinen ganzen Aufenthalt im RdM 2.0 benötigst Du nicht nur Wissen über unsere gemeinsame deutsche, über unsere europäische Kultur, sondern auch über Dich.

Denke daran: Chinesinnen müssen ein Männchen suchen. Das wird von ihren Familien erwartet. Sie haben ihren Familien zu dienen, schon vergessen? Was sie wollen ist zwar vielleicht bekannt, aber langfristig doch eher zweitrangig. Deine chinesische Freundin mag ja gerne Bitternis essen, aber Du als Barbar musst das nicht auch machen. Möchtest Du auch das „Schlechte" übernehmen?

Falls Du über die ONS-Phase hinaus bist, dann könntest Du das nächste Hilfsmittel brauchen. Damit Du also genügend Spaß während Deiner Duldung im RdM 2.0 hast und einige Fehler vermeiden kannst, die ich vielleicht dort gemacht habe, habe ich das Beziehungspolygon entworfen. In ihm trägst Du in einem Koordinatensystem mit vier Achsen Deine eigene Zielorientierung ab. Die vier Achsen beschreiben Dinge, die ich für eine interkulturelle Beziehung wichtig erachte. Es sind:

- langfristiger Wohnortwunsch,
- Beziehungsart,
- Familienplanung und
- Bedeutung von Freizeit und von Arbeit.

Das Ergebnis wird ein mehr oder weniger hässliches Zick-Zack-Polygon sein. Die umspannte Fläche gibt ungefähr Deine Zielorientierung wieder. Dieses Bild solltest Du im Kopf haben, wenn Du auf die Pirsch gehst oder wenn Du mit ihr redest.

Du kannst aber auch mutig sein und nach der Ihren fragen. Falls Du das machst, dann kannst Du sie ihre Ziele in Deine Grafik eintragen lassen. Am besten nimmst Du Blau und sie Rot.

Falls sie nicht malen möchte, ist es auch egal, denn Du kannst ihre Antworten selber eintragen. Das Ergebnis ist dasselbe.

Ich bin jedoch schon jetzt gespannt, ob Du eine inhaltsvolle Antwort über ihre Wünsche, Vorstellungen und Lebensziele erhalten wirst oder nur das Wiederkäuen der Erwartungen der Familie, der Gesellschaft und des Staates. Bitte behalte das, was Dir gesagt wird, für Dich, denn ich habe noch genug von dem, was mir aufgetischt worden ist. Punkt! Ich habe jetzt Hunger und gehe frühstücken, aber nicht chinesisch.

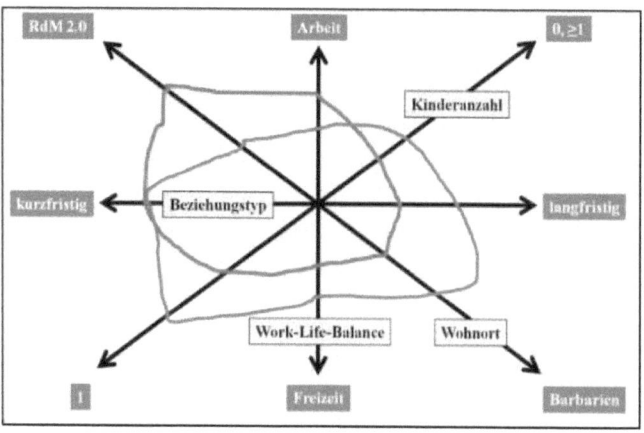

Abbildung 2: Beziehungspolygon.

Hilfsmittel Nr. 5 – Deine Ideen

Falls Dir jetzt etwas Intelligenteres einfällt, so kannst Du es auf dieser Seite zu Papier bringen. Wenn Du magst, dann kannst Du mir Dein Ergebnis auch schreiben oder es auf meinem Weblog als Kommentar veröffentlichen. Meine Kontaktdaten findest Du am Anfang des Büchleins.

Lösungsmöglichkeit: Lebenshilfe leisten

Am Anfang Eurer Beziehung wird die Phase des necki-schen Händchenhaltens stehen.[97] Das kennst Du be-stimmt noch aus Deinen Kindertagen oder aus Deiner Zeit als „wilder" Jugendlicher. Falls Du Dich jetzt über meine sehr frauenkritischen Worte wunderst, dann muss ich mich eben erklären.

In einem Land, in dem die Polizei als Freund und Helfer mit Zeichentrickfiguren dargestellt wird, und in dem eine nicht geringe Anzahl von Menschen in einer virtuellen Welt von Computerspielen und in der halb-realen Welt der sozialen Netzwerke lebt, ist es doch wenig verwunderlich, häufig auf eher unreife Menschen mit geringer Lebenserfahrung zu stoßen.

Natürlich ist der Erfahrungsschatz von Mädel zu Mädel unterschiedlich, aber das RdM 2.0 gleicht in vielen Bereichen einem großen Kindergarten mit Flug-häfen, Hochgeschwindigkeitszügen, Kernwaffen, Über-bevölkerung und einem übergroßen Sandkasten (Wüste Gobi).

Die Kinder wachsen meistens sehr behütet auf. Oft werden sie von Oma erzogen, denn Mama und Papa haben keine Zeit für sie. Sie müssen doch Bitternis es-sen. Das bringt es natürlich dann mit sich, dass Mama und Papa ihr Kind meistens eher wenig kennen.

Bildung (Fakten und Einzelheiten, nicht Zusammen-hänge) ist das Wichtigste, aber nicht die Heranbildung einer Persönlichkeit durch Erziehung und durch Sam-meln subjektiver Erfahrungen.

Das Kind wird von einem Privatunterricht zum nächsten geschleppt, damit es ja unter die Besten im Kindergarten und später in der Schule kommt. Da bleibt doch wenig oder gar keine Zeit für Freizeit. Freizeit ist per se böse und wenn Zeit nicht durch außerfamiliäre Institutionen belegt wird, dann ist diese Zeit eben Zeit für Pauken (Nicht für Bildung!), die genutzt werden kann / muss. Freunde, insbesondere vom anderen Geschlecht, stören da nur.

Für unser Thema der Kommunikation zwischen Männlein und Weiblein ist eine Sache besonders wichtig: Oma und Opa, Mama und Papa sind auch meistens nicht aufgeklärt worden. Sie wissen zwar wie es geht, aber sie überlassen die Aufklärungsarbeit in den meisten Fällen der Schule.[98]

Das Produkt dieser „vormodernen", chinesischen Erziehung hast Du dann auf Deiner Couch sitzen oder neben Dir im Bett liegen. Ein meistens eher selbstverliebtes Einzelkind, das Mama und Papa gehorcht, aber auch meistens sich selbst (seelisch und körperlich) nicht kennt. Wissen über Deinen Körper oder über Deine Bedürfnisse darfst / solltest Du nicht erwarten und wenn ja, dann nur in Grundzügen.

Wie schon gesagt, Du bist häufig ihr Lehrer, obwohl Du das vermutlich gar nicht sein möchtest. Sie sieht Dich aber so! Somit musst / solltest Du Dir über diese Rolle Deinen Kopf zerbrechen. Deine Lösung für Eure Probleme besteht ganz einfach in Kommunikation, Kommunikation und noch mehr Kommunikation!

In deutschen Beziehungen mag es normal sein, sich ab einem gewissen Beziehungsalter anzuschweigen. In deutsch-chinesischen ist es normal, dass beide sich vom ersten Tag an anschweigen, dabei auf ihr dummes Mobiltelefon oder auf ihren Rechner schauen und dadurch natürlich aneinander vorbeisehen.

Für Eure Beziehung ist es wichtig, dass Du mit ihr über diese Dinge sprichst.

Du bist aber auch nicht nur nach China gekommen, um nur mit anderen Barbaren zu saufen oder nur mit den Mädels vor Ort zu poppen. Du hast Deinen Sprachkurs, Dein Studium, Dein Praktikum oder vielleicht sogar einen bezahlten Job. Das ist das Wichtige, und das Private sollte das doch nicht zu sehr negativ beeinflussen, oder?

Es ist zwar auch nicht ganz unwichtig, aber eben erst einmal zweitrangig. Wer bezahlt oder bürgt denn für Dein Visum im RdM 2.0? Deine Freundin?

Damit Du das nicht vergisst, habe ich mir zwei Merkworte ausgedacht (Eben gute militärische Schule. Danke, Herr Hauptfeldwebel!).

Merkworte für Barbaren

Präge Dir ein, natürlich nur wenn Du Lust hast, was Du in ihren chinesischen Augen *häufig* sein wirst.

L ehrer
I mport
E rzieher
B eschützer
H andtaschenträger
A ccessoire
B arbar
E xtra
R omeo / **R** isiko

als Mittel zum

Z ahlmeister
W ichtel
E rlebnis
C avalier
K ind (nur bei Partnerin Ü40)

Teil 8 – Deine Wahl: Herrenwahl

C hinesinnen sind oft jung, schlank und meistens exotisch hübsch. Das führt bei Dir zu einem Problem: Womit sollst Du denken? Ein typisches Männerproblem, ich weiß. Neben dieser fast unlösbaren Frage kommen aber noch weitere Herausforderungen auf Dich zu:

- Welche möchte ich als *Mensch* kennenlernen?
- Welche ist denn meine *männliche* Aufmerksamkeit wert? Nehme ich A oder AA?

Dir altem Hasen, brauche ich ja nicht zu sagen, dass man sich früher oder später für eine, ja für eine, Frau entscheiden muss. Alles andere ist zu viel Stress und zu viel Spaß (Ich habe das vielleicht für Dich im Selbstversuch getestet.). Das RdM 2.0 ist in dieser Hinsicht noch ein Land unbegrenzter Möglichkeiten.

Jedoch gilt für Dich: Hände weg von einigen Mädels. Die sind einfach Deine Zeit und Dein Geld (?) nicht wert. Die letzte Entscheidung liegt aber wie immer bei Dir. Diese kann, darf und will ich Dir auch nicht abnehmen, denn leben musst Du selber.

Wichtige Hinweise

Hinweis Nr. 1 – Unterlippentest

Kennst Du den Unterlippentest?

Noch nicht, dann erkläre ich ihn Dir eben. Ich habe ja jetzt zur späten Stunde auch nichts Anderes vor. China ist ein Land ohne Dr. S..., ohne Sexualaufklärung außerhalb von Peking und Schanghai (Ich wiederhole mich. Entschuldigung!) und mit einer Menge von Abtreibungskliniken für alle Altersgruppen.[99] Man macht Sex, man spricht aber nicht darüber. Woher soll denn die Masse von Menschen im RdM 2.0 herkommen, wenn nicht durch Sex?

Die Frauen bis 30 sind meistens nicht nur naiv, sondern im wahrsten Sinne des Wortes ein unbeschriebenes, gelbes Blatt Papier. Das kannst Du ihnen meistens auch ansehen, aber gleichzeitig solltest Du ihnen daraus auch keinen großen Vorwurf machen, vielleicht aber einen kleinen?

Doppelt verschränkte Beine (*chinesischer Keusch-heitsknoten*) sind meistens ein klares Zeichen für fehlende Lockerheit oder die Füße werden neckisch nach innen gedreht oder das an Tollwutanfälle erinnernde, krampfhafte Beißen auf die nette Unterlippe in Gegenwart von Fremden: Unsicherheit, Unsicherheit, nochmals Unsicherheit.

Mein Rat für Dich, den Du natürlich nicht befolgen musst: Hände weg von diesen Fräulein. Es sei denn, Du stehst auf Händchenspiele und jahrelange platonische Liebe vor dem ersten Mal, alles jedoch nur U30.

Als Ü30 muss sie wenigstens einmal ran mit Folgen, weil die Familie es erwartet, aber bestimmt nicht mir Dir. Denn Du hast Dich schon wieder aus dem Staub gemacht und trinkst irgendwo auf der Welt in Ruhe Dein Bier und kümmerst Dich wieder um *Frauen*. Wohl bekomms!

Hinweis Nr. 2 – Hände weg von Sar... K...!

Mädels, die so gekleidet sind wie Sar... K...[100] bitte auch links liegen lassen.

Es sei denn, Dir ist körperliche Zuneigung und Sex überhaupt nicht wichtig. In diesem Fall kannst Du auch in ein schönes Kloster in Tibet gehen, aber bitte nicht zu den Kung-Fu-Mönchen in Henan, denn dort herrscht Emotionsverbot.

Wie Du diese Gruppe Mädels erkennen kannst, wirst Du Dich jetzt bestimmt fragen. Also, im Sommer tragen diese Mädels im Jungfrauenkörper Kleider in Naturfarben mit einer geschlossenen Bluse, die kein Tageslicht an die Haut lässt. An den Beinen wirst Du Strumpfhosen in den Farben Braun, Dunkelblau oder Schwarz sehen. Alternativ zum Kleidchen mit Ähnlichkeit von Sonntagskleidern aus den 30er-Jahren des letzten Jahrhunderts findest Du auch den knöchellangen Rock, der sogar an noch ältere Puppenbekleidung erinnern mag.

Das schulterlange, meistens nicht gefärbte Haar wird geordnet getragen, jedoch nicht mit einem neckischen, chinesischen Haarknoten nach oben. Das Gesicht ist ungeschminkt, und es wird kein Duftwasser verwendet. Die Brille ist eher klassisch als extravagant. Die Halbschuhe sind gepflegt und hochwertig, vielleicht auch im koreanischen Stil gehalten. Man bewegt sich langsam auf breiten, nicht zu hohen Absätzen. Der Blick ist meistens auf den Boden gerichtet.

Im Winter wird diese Bekleidung ergänzt durch einen knielangen Mantel und Handschuhe, die an den Ärmeln des Mantels hängen. Die Halbschuhe werden durch die Standard-Winterstiefel eines namhaften chinesischen Herstellers mit drei Buchstaben ersetzt.

Das gesamte Motto für die Bekleidung könnte man so beschreiben: Nicht auffallen, aber gepflegte äußere Erscheinung ohne Sex-Appeal, damit Mama und Papa nicht böse werden. Das hat Etwas von Dornröschen.

Falls Du Dich um diese Gruppe kümmern möchtest, viel Spaß und viel Geduld mit den Dornen. Der Jungfrauen-Status ist bei diesen jungen Frauen vermutlich zu 95 % garantiert und das gilt *nicht* nur für den Bereich unterhalb des Bauchnabels.

Meine Vorschläge

Vorschlag Nr. 1 – Deine Zielgruppe

Trägt Stiefel bis über die Knie, Minirock, Hut, farbige Kontaktlinsen und meistens Brillen ohne Gläser. Vielleicht hat sie auch eine Tätowierung (Nicht auf der Hand!). Die Frisur und Haarfarbe wechseln eher häufig als selten. Im Winter stecken die überaus schlanken Beine in glänzenden schwarzen Beinlingen, die sie meistens extrem gut aussehen lassen, aber aufpassen! Es droht bei so einem Anblick meistens wieder Blutmangel im Gehirn. Du wirst zwar mit Vertretern dieser Art auch so das eine oder andere Problem haben, aber es gibt eben nichts für umsonst. Der Spaß wird auf jeden Fall nicht zu kurz kommen, wenn Du Dich um diese Zielgruppe kümmerst. Deine Vorteile mit ihr könnten sein:

- Liebe,
- Spaß und
- Feiern.

Vorschlag Nr. 2 – Spaß für eine Nacht

ONS und nicht mehr. Das spart Geld, Nerven und schafft Dir Freiraum. Deine Vorteile wären bei diesem Vorschlag:

- einmal Arbeit,
- etwas Freude,
- Geld gespart und
- keine Verpflichtungen.

Vorschlag Nr. 3 – Enthaltsamkeit

Du konzentrierst Dich auf Deine Erwerbsarbeit, auf Dein Praktikum, auf Dein Studium oder doch auf das Schriftzeichenlernen im RdM 2.0 und lässt deshalb die Mädels freundlich, aber bestimmt *links* liegen. Du wirst den meisten damit einen Gefallen tun, denn Mama und Papa haben doch keinen Bock auf einen Ausländer in der Familie und Oma erst recht nicht. Du ersparst Dir bei diesem Vorschlag auch sehr viel Stress. Deine Vorteile sind, sofern Du Dich für Vorschlag Nr. 3 entscheidest:

- mehr Energie für die Karriere im RdM 2.0 und nach Deiner Rückkehr,
- kein psychischer Stress,
- mehr Zeit für Dich,
- eine höhere Sprachkompetenz und
- natürlich mehr Energie für die vielen Frauen außerhalb des RdM 2.0 (Nachholbedarf).

Vorschlag Nr. 4 – Ausweg für Minuten

Falls Du im RdM 2.0 irgendwann am Verzweifeln bist, dann habe ich eine kleine Alternative für Dich (Das ist jedoch absolut nicht jugendfrei und auch moralisch nicht ganz einwandfrei!): einmal Ladybar in Peking, Szene-Viertel Hohai.

Einfach herum schlendern, keine Frau dabei haben und den leisen Rufen „Lady! Bar? Lady! Bar?" folgen. Du kannst Dich dann in dem entsprechenden Etablissement wie der amerikanische Held in „R... H... 2" fühlen. Jeder Mann sollte mal vor 25 hübschen Asiatinnen im Babydoll und High Heels stehen dürfen. Das habt ihr einfach verdient! Aber bitte gehen, bevor es zum Geschäftlichem kommt. Im RdM 2.0 ist alles außer den Atomwaffen käuflich, aber man muss doch nicht gleich seine Gesundheit aufs Spiel setzen, oder?

Wenn Du wieder von Deinem Männerabend zurück bist, schweige und kaufe ihr bitte keine Blumen. Das mit dem Schenken ist doch sowieso schon schwer genug im RdM 2.0.

„Nach dem Spiel, ist vor dem Spiel."
Sepp Herberger, dt. Fußballspieler
und Nationaltrainer (1897-1977)

Teil 9 – Schlusspfiff

Version Nr. 1

Du fragst Dich jetzt bestimmt, warum dieser Idiot, der dieses Buch geschrieben hat, so lange im RdM 2.0 geblieben ist, obwohl er es nicht besonders mag?

Wie so vieles im Leben ist die Frage, nicht ganz so einfach zu beantworten und eigentlich auch zu privat. Nur so viel: Ich habe gegen meine Bewährungsauflagen in Deutschland verstoßen. Scherz beiseite!

Ich war auch einmal ein *China-Naiver*, der in das Wirtschafts*wunder*land wollte. Leider bin ich es dann auch über mehrere Jahre in Deutschland und im RdM 2.0 geblieben (zu viel Arbeit, zu wenig Nachdenken). Irgendwann setzte aber aufgrund von nicht näher zu erläuternden Erlebnissen ein Umdenken ein. Ich musste (oder durfte) einfach lernen, dass China, oder besser gesagt: das RdM 2.0, nicht einen einzigen Tag meines Lebens mehr wert ist. Es ist ganz einfach *nicht meine Welt*. Man muss den Absprung aus dem RdM 2.0 schaffen!

Ich habe mich auch von der naiven Hoffnung auf eine Verbesserung, einen Wandel von China verabschiedet. Das ist beides so wahrscheinlich wie, dass der Mond auf die Erde fällt. Alles andere ist meiner Ansicht nach Augenwischerei zur kurzfristigen Gewinnerzielung oder für den nächsten Karriereschritt. Wir wollen uns doch nicht die Welt so zu recht biegen, wie wir sie gerne hätten, oder?

China hätte sich schon vor mehr als 1.000 (!) Jahren ändern können, aber vermutlich vermochte es das nicht oder die Menschen dort wollten es nicht. Neue Kleider alleine machen keinen neuen Menschen; neue Technologien und Neubauten auch keine weltoffene Kultur und erst recht nicht eine freie, friedliche und humane Zivilgesellschaft. Der Beweis und der Gegenbeweis für die Wandlung des RdM 2.0 stehen aber noch aus. Ich kenne die Antwort auf diese Frage des Jahrhunderts nicht und habe nur eine Meinung, die auch nicht zutreffend sein muss.

Euch, meinen „Schülern", die Ihr Euch noch Eure Sporen im RdM 2.0, im Milliarden-Markt (Was für ein Schwachsinn! Heute Gewinne machen, morgen schlie-ßen.) verdienen müsst, wünsche ich aber trotzdem ge-nügend Spaß in diesem Land mit seiner *imitierenden* und *exklusiven* „Hoch"-Kultur.[101]

Kommt heil zurück! Am Körper und im Geiste!

Jetzt aber Schluss mit meinem Gemeckere! Wirf das Buch nun bitte ins Altpapier (Nicht in das Feuer!) oder noch besser: Verschenke es![102] Danke!

Irren ist menschlich, also sei bitte nicht enttäuscht, wenn die Chinesinnen, die Du im RdM 2.0 treffen wirst, ganz anders sind, als ich es hier satirisch beschrieben habe.

Viel Spaß im RdM 2.0!

Ein deutscher Mann

Und noch ein Schluss. Ich konnte mich einfach nicht entscheiden. Entschuldigung!

Version Nr. 2

Du fragst Dich jetzt bestimmt, warum ich dieses Büchlein geschrieben habe und noch viele weitere schreiben werde.

Falls Du Dich das jetzt nicht fragst, dann war all meine Mühe mit Dir umsonst. Heul! Und Du hast 60 Minuten Deines kostbaren Lebens mit dem Lesen dieses Büchleins vergeudet. Jetzt musst Du Dich zumindest etwas ärgern. Und? Ärgerst Du Dich wenigstens ein kleines bisschen?

Ich bin nicht Du, aber ich war vielleicht wie Du bevor ich nach China gegangen bin. Meine chinesischen Reisen (14 Visa in einem Reisepass, über drei Jahre in chinesischer Umgebung) waren eine lange Lehrzeit, ein *Irrweg des Lebens* und damit auch ein langer Lauf zu mir selbst und zu meiner eigenen Kultur, die mir jetzt viel bewusster geworden ist; sie ist jedoch schon immer in mir gewesen.

Ich bin zwar immer noch weit davon entfernt, ein Master of Desaster in China-Studien zu sein, aber die Farbe meines Gürtels hat schon mehrfach gewechselt. Zum Glück bin ich aber nicht zu einem venezianischen Kaufmann geworden.

Du bist nicht ein Schüler von mir, auch wenn ich gerne Dein Lehrer wäre, sondern Du bist ein ganz normaler, fähiger, lernbereiter Schüler in der Schule des Lebens, Unterrichtsfach: Völkerverständigung. Die Berge sind fern und hoch. Das Klima ist ungewohnt fremd (Manchmal ist es auch einfach nur Sch...). Die Gefahren und das chinesische Sprach- *und* Denkgewirr sind nicht zu unterschätzen, aber es wartet ein Abenteuer auf Dich!

Lass' mich bitte als alter Science-Fiction-Bewunderer noch einmal zu einem „Gleichnis" kommen: Ein Bewahrer des Friedens im Universum musste erst gesucht und ausgewählt werden, bevor er durch die Meister trainiert werden konnte. Als Demokrat schenke ich mir das Aussuchen, das Auswählen. Das hast Du selber schon gemacht als Du dieses Büchlein aus dem Altpapier geholt hast oder es sogar gegen bare Münze eingetauscht hast (Zu teuer, ich weiß. Mein Verlag will doch auch leben, Arbeitsplätze in Deutschland und in Europa *müssen* gesichert, *Steuern* gezahlt und mein Kaffee erwirtschaftet sein.). Dafür möchte ich Dir meinen Dank aussprechen. Wolltest Du nicht Qualität haben?

Ich habe mein Möglichstes getan, um meinen eigenen Ansprüchen gerecht zu werden. Habe ich Deine Erwartungen erfüllt?

Mein letzter Hinweis zu dem unvermeidlichen Kampf mit dem einen großen und den vielen kleinen Drachen im RdM 2.0 ist: Sei einfach neugierig, öle Deine Rüstung, wähle Deine Waffen und pass' auf Dich auf! Merke Dir dazu Dreierlei:

- Drachen sind *keine* Haustiere!
- Drachen müssen auch keine *netten* Nachbarn sein.
- Vertraue auf die Macht der europäischen / westlichen *Aufklärung*!

Ein deutscher Narr in China

P.S.: Ich verschwinde jetzt in einen anderen, schöneren (?), freundlicheren (?), gemütlicheren (?), angenehmeren (?), menschlicheren (?) Kulturraum. Meine Aufgaben im RdM 2.0 sind erledigt. Es sei denn, …

Was nun mit diesem Buch?

Verschenke dieses Buch nachdem Du es gelesen hast. Vorher schreibe jedoch böse Kritiken bei diversen Online-Buchhandlungen über dieses Buch und zwitschere bitte auch Deine Kritik. Danke!

Wenn Du magst, dann kannst Du Ching-Chang-Chinese auch zu Deinen Freunden auf Fa... hinzufügen. Folge doch meinem Gezwitscher auf @ccchinese oder noch besser: Schreibe selber ein Buch über Dich im RdM 2.0.

Anhang

Danksagung

Ein Buch entsteht zwar meistens im Kopf eines Einzelnen, aber zur Umsetzung des Projektes bedarf es auch des Rates und der Kritik von anderen Menschen. Ich möchte deshalb diese Seite nutzen, um einigen Personen und einem Land meinen Dank auszusprechen.

- Für H., der mich *wieder* hierher brachte.
- Für E., die mich inspirierte.
- Für D., das mir Bildung ermöglichte.
- Für St. und T., die es lesen mussten.

Abbildungsverzeichnis

Tabellenverzeichnis

Abkürzungsverzeichnis

ABC	American Born Chinese
AHK	Außenhandelskammer
amerik.	amerikanisch
ANBA	Amtliche Nachrichten der BfA
APO	Außerparlamentarische Opposition
ARD	Allgemeine Rundfunkanstalten Deutschlands
Aufl.	Auflage
Ausg.	Ausgabe
BAB	Bundesautobahn
Bd.	Band
BfA	Bundesanstalt für Arbeit
BGB	Bürgerliches Gesetzbuch
BH	Brusthalter
BRD	Bundesrepublik Deutschland
bspw.	beispielsweise
BStU	Bundesbeauftragte für Staatssicherheitsunterlagen
bzw.	beziehungsweise
ca.	circa
Calif.	California (Kalifornien)
CCTV	China Central Television
C.H. Beck	Carl Heinrich Beck
chin.	chinesisch
CIA	Central Intelligence Agency
CIIC	China Internet Information Centre
CITIC	China International Trust and Investment Corporation
CNTV	China Television China Net Television
Co.	Compagnon (Geschäftspartner)
CPC	China Communist Party
DDR	Deutsche Demokratische Republik
ders.	derselbe
d. h.	das heißt

dies.	dieselbe
DM	Deutsche Mark
Dr.	Doktor
dt.	deutsche(r)
DVA	Deutsche Verlagsanstalt
E-Mail	Electronic Mail
ESB	European School of Business
EU	Europäische Union
evtl.	eventuell
f.	folgende
Fr.	Freitag
G8	Gymnasium mit acht Jahren Regelschulzeit
geb.	geboren
Gebr.	Gebrüder
GKV	gesetzliche Krankenversicherung
GmbH	Gesellschaft mit beschränkter Haftung
H.	Heft
HGB	Handelsgesetzbuch
Hrsg.	Herausgeber
hrsg.	herausgegeben
Jhdt.	Jahrhundert
Jr.	Junior
kg	Kilogramm
Klo	Klosett
km	Kilometer
KMI	Körpermasseindex
KPCh	Kommunistische Partei Chinas
korr.	korrigiert
Krimi	Kriminalroman
m	Meter
Mass.	Massachusetts (Bundesstaat in den Vereinigten Staaten von Amerika)
MBA	Master of Business Administration
Mo.	Montag
NATO	North Atlantic Treaty Organisation
n. Chr.	nach Christus

N.N.	nomen nominandum
Nr.	Nummer
o. J.	ohne Jahr
ONS	One-Night-Stand
o. O.	ohne Ort
PISA	Program for International Student Assessment
PRC	People's Republic of China
Prof.	Professor
P.S.	Postskriptum
RdM	Reich der Mitte
RMB	Renminbi
Rororo	Rowohlts Rotationsromane
S.	Seite
SaZ	Soldat auf Zeit
SIM	Subscriber Identification Module
sowjet.	sowjetisch
SWP	Stiftung für Wissenschaft und Politik
U30	unter 30 Jahre
u. a.	und andere
U-Bahn	Untergrundbahn
UdSSR	Union der Sozialistischen Sowjetrepubliken
Ü30	über 30 Jahre
Ü40	über 40 Jahre
Uni	Universität
US	United States (of America) (Vereinigte Staaten vom Amerika)
USA	United States of America
UTB	Uni-Taschenbuch
TCM	Traditionelle Chinesische Medizin
TDF	Terre Des Femmes
Tsd.	Tausend
v.	von
Verl.	Verlag
vgl.	vergleiche
VR China	Volksrepublik China

VS	Verlag für Sozialwissenschaften
WE	Wochenende
WG	Wohngemeinschaft
wjs	Wolf Jobst Siedler [jr.] Verlag
z. B.	zum Beispiel

Quellenangaben

Nachfolgend finden Sie die benutzten Quellen. Als Dienstleistung habe ich bei den Büchern jeweils eine Bewertung angegeben. Vielleicht werden diese subjektiven Hinweise Ihnen vor dem Kauf oder vor der Entleih-Entscheidung hilfreich sein können. Viel Freude bei der Lektüre! – Bei Online-Einträgen von Nutzern, deren Namen nicht zu ermitteln waren, erfolgt die Listung unter N.N. gefolgt vom jeweiligen Benutzernamen.

Hörenswertes

Sendker, Jan-Philipp: Reich und schön in Peking. China-Podcast. Unter Mitarbeit von Andreas Bormann. Hrsg. von Random House (= China – das Land verstehen, 2). Online verfügbar unter http://www.randomhouse.de/PODCAST_China_das_Land_verstehen/aid12059.rhd?aid=12059&sid=2083, zuletzt aktualisiert am 21.07.2008, zuletzt geprüft am 29.03.2013.

Lesenswertes

Arnold, Marc-Stephan: Jetzt wird's brenzlig: Europäische Krise erreicht China. Hrsg. von CIIC: China.org.cn. Peking 2012. Online verfügbar auf http://german.china.org.cn/business/txt/2012-04/19/content_25186449.html, zuletzt geprüft am 05.04.2013.

Bankenverband: Währungsrechner. Online verfügbar unter http://www.bankenverband.de/service/waehrungsrechner, zuletzt geprüft am 29.03.2013.

Becker, Kim-Björn: Internetzensur in China. Aufbau und Grenzen des chinesischen Kontrollsystems. 1. Aufl. Wiesbaden: VS Verlag für Sozialwissenschaften / Springer Fachmedien Wiesbaden GmbH 2011.

Umfangreiches Buch zur Internetzensur. Lesenswert!

Bergère, Marie-Claire: Sun Yat-sen. Stanford, Cambridge: Stanford University Press; Cambridge University Press 2000.

Lesenswert!

Bickers, Robert A.: The Scramble for China. Foreign devils in the Qing Empire, 1832-1914. London: Penguin 2012.

Lesenswerte Anekdoten über diese Epoche.

Birthler, Marianne: Erklärung zum 70. Jahrestag von 140 deutschen Intellektuellen. Initiative von Marianne Birthler (BStU), Ulrich Mählert (Bundesstiftung Aufarbeitung). Online verfügbar unter http://www.23august1939.de, zuletzt geprüft am 09.04.2013.

Bundesanstalt für Arbeit: Arbeitsmarkt 2011. In: ANBA 59 (2012), Sondernummer 2. Online verfügbar unter http://statistik.arbeitsagentur.de/Statischer-Content/Arbeitsmarktberichte/Jahresbericht-Arbeitsmarkt-Deutschland/Generische-Publikationen/Arbeitsmarkt-2011.pdf, zuletzt geprüft am 09.04.2013.

Burger, Richard: Behind the Red Door. Sex in China. Hong Kong: Earnshaw Books 2012.

Lesenswertes und preiswertes Buch zum Thema Sexualität im alten China und heute. Das Buch von Linck sollte jedoch auch herangezogen werden.

Catalyst: Catalyst Quick Take. Women in the Labor Force in China. Hrsg. v. Catalyst. New York. Online verfügbar unter http://www.catalyst.org/knowledge/women-labor-force-china, zuletzt geprüft am 15.07.2013.

Chen, Yingqun: Casting Call. One of the country's most acclaimed foreign actors talks shop with Chen Ying Qun. In: China Daily 32, 23.10.2012 (10.131), S. 18. Online verfügbar unter http://www.chinadaily.com.cn/cndy/2012-10/23/content_15837900.htm, zuletzt geprüft am 29.03.2013.

Chang, Jung; Halliday, Jon (2005): Mao. The unknown story. London: Jonathan Cape.

Umfangreiche und preisgekrönte Biographie. Lesen!

CIA: The World Factbook. China. Hrsg. v. CIA. Online verfügbar unter https://www.cia.gov/library/publications/the-world-factbook/geos/ch.html, zuletzt aktualisiert am 10.07.2013, zuletzt geprüft am 15.07.2013.

Sehr gute Fakten, sehr nützlich.

CNTV: China's nearly 600,000 foreigners. O.O. 2011. Online verfügbar unter http://www.china.org.cn/video/2011-05/01/content_22473773.html, zuletzt geprüft am 05.04.2013.

Cohen, David: Xi Jinping's Chinese Dream. O.O. 2012 (= Weblog The Diplomat). Online verfügbar unter http://thediplomat.com/china-power/xi-jinpings-chinese-dream, zuletzt geprüft am 29.03.2013.

Covey, Stephen R.: The 7 Habits of Highly Effective People. Restoring the Character Ethic. London: Pocket Books 1999 [1989].

Ein Buch, das man gelesen haben muss.

Dikötter, Frank: Mao´s Great Famine. The History of China´s most devastating catastrophe, 1958-62. London: Bloomsbury 2010.

Umfangreiche Arbeit eines anerkannten China-Forschers zu den Auswirkungen der Modernisierungskampagne „Großer Sprung nach Vorne".

Domes, Jürgen; Näth, Marie-Luise: China nach der Kulturrevolution. Politik zwischen zwei Parteitagen. München: W. Fink 1975 (= UTB, 424).

Recht altes, aber lesenswertes und umfangreiches Buch. Die Quellenangaben sind nur in den Fußnoten. Leider ist die Sprache ein typisches Wissenschaftsdeutsch, somit ist es kein Buch für einen Biergartenbesuch.

Erll, Astrid; Gymnich, Marion: Interkulturelle Kompetenzen – erfolgreich kommunizieren zwischen den Kulturen. Stuttgart: Klett Lernen und Wissen 2007 (= Uni-Wissen Kernkompetenzen).

Kaufen und lesen, denn man erhält viel Inhalt für recht wenig Geld.

Ferguson, Neill; Kissinger, Henry; Li, Daokui David; Zakaria, Fareed: China 21世纪属于中国吗？ Does the 21st Century Belong to China? The Munk Debate on China. Peking: China CITIC Press 2012.

Sehr lesenswert, insbesondere verdienen die Aussagen des einen Amerikaners Beachtung; auch auf Deutsch verfügbar.

Franz, Uli: Deng Xiaoping. Chinas Erneuerer: eine Biographie. Stuttgart: DVA 1987.

Lesenswert. Umfangreiches und mehrsprachiges Literaturverzeichnis, leider mit sehr kurzen bibliographischen Angaben.

Geier, Manfred: Kants Welt. Eine Biographie. Reinbek bei Hamburg: Rowohlt-Taschenbuch-Verl. 2005 (= Rororo, 61.365).

Sehr lesenswert aufgrund der Essayform.

Geier, Manfred: Aufklärung. Das europäische Projekt. 1. Aufl. Reinbek bei Hamburg: Rowohlt 2012.

Lesenswert.

Granet, Marcel: Die chinesische Zivilisation. Familie – Gesellschaft – Herrschaft. Von den Anfängen bis zur Kaiserzeit. Übersetzt und eingeleitet von Claudius C. Müller. Mit einem Vorwort von Wolfgang Bauer. Frankfurt am Main: Suhrkamp 1985 (= Suhrkamp Taschenbuch Wissenschaft, 518).

Trotz des Alters der französischen Originalausgabe immer noch lesenswert.

Grimm, Tilemann: Mao Tse-tung mit Selbstzeugnissen und Bilddokumenten. 17. Aufl. Reinbek bei Hamburg: Rowohlt 1975 [1968] (= Rororo Bildmonographien, 141).

Guter Überblick über das Leben von Mao Tse-tung. Es ist leider schon von 1968, aber mit Bildern, Liedern und Gedichten.

Häring-Kuan, Petra: Meine chinesische Familie. Dreißig Jahre Wandel in China. Frankfurt am Main: Scherz 2004.

Lesenswert.

Han, Peng: China's savings rate world's highest. In: People´s Daily, 30.11.2012. Online verfügbar unter http://english.people.com.cn/90778/8040481.html, zuletzt geprüft am 12.07.2013.

Hass, Gerhart: 23. August 1939. Der Hitler-Stalin-Pakt. Berlin: Dietz 1990.

Umfangreiche Dokumentation zum Nachschlagen.

He, Na; Xie, Chuanjiao: A place that offers help to young women. Many youths still ignorant about sexual health. Abortion: Clinic clientele getting younger. In: China Daily 31, 08.11.2011 (9.834), S. 1; 6. Online verfügbar unter http://www.chinadaily.com.cn/cndy/2011-11/08/content_14053729.htm, zuletzt geprüft am 10.05.2013.

He, Na; Jiang, Xueqing; Peng, Yining: Love stories can end in divorce. Increasing number of couples need guidance to keep spark alive. In: China Daily 33, 27.03.2013 (10.261), S. 1, 6. Online verfügbar unter http://europe.chinadaily.com.cn/china/2013-03/27/content_16347729.htm, zuletzt geprüft am 09.04.2013.

Heringer, Hans Jürgen: Interkulturelle Kommunikation. Grundlagen und Konzepte. Tübingen: A. Francke 2004 (= UTB, 2.550).

Ein Lehrbuch, das einen guten Inhalt hat, aber leider gelingt die Kommunikation mit dem Leser nur eingeschränkt. Sehr sperriges Wissenschaftsdeutsch, aber ansonsten gute didaktische Aufmachung.

Hsia, Adrian: Die chinesische Kulturrevolution. Zur Entwicklung der Widersprüche in der chinesischen Gesellschaft. Neuwied: Luchterhand 1971 (= Sammlung Luchterhand, 23).

Altes, aber umfangreiches Buch zur Kulturrevolution. Lesenswert.

Huntington, Samuel P. The Clash of Civilizations and the Remaking of World Order. New York: Simon and Schuster 1996.

Ein Muss für global denkende Menschen.

Informationszentrum des Büros für die Volksregierung Ningbo: Offizielle Webseite der Stadtregierung Ningbo. Re-
gistriernummer: Z ICP D 05000010. Hrsg. v. Stadtregierung Ningbo. Ningbo. Online verfügbar unter
http://german.ningbo.gov.cn/index.html, zuletzt geprüft
am 29.04.2013.

Jacques, Martin: When China Rules the World. The Rise of
the Middle Kingdom and the End of the Western World.
London: Allen Lane 2009.

*Umfangreiche Arbeit mit einer interessanten These, die
kritisch zu würdigen ist.*

Kong, Qiu: Gespräche in der Morgenstille. Lehren des Meisters. Hrsg. von Victoria Contag. Düsseldorf: Albatros
2008 [1995].

*Gute Nacht-Lektüre mit vielen Aha-Effekten durch Ge-
meinsamkeiten hinsichtlich christlicher Vorstellungen zum
Zusammenleben von Menschen.*

Kuhn, Dieter: Die Song-Dynastie (960-1279). Eine neue
Gesellschaft im Spiegel ihrer Kultur. Berlin: Akademie
Verlag 1987.

Sehr teures Buch, aber nützlich.

Kumbier; Dagmar; Schulz von Thun, Friedemann (Hrsg.):
Interkulturelle Kommunikation. Methoden, Modelle, Bei-
spiele. 5. Aufl.. Reinbek bei Hamburg: Rowohlt-
Taschenbuch-Verlag 2011 [2006] (= Sachbuch, 62.096).

*Pflichtlektüre für Globetrotter und Menschen in interkul-
turellen Beziehungen.*

Lenin, Wladimir Iljitsch: Zitat-Sammlung. Online verfügbar
unter http://www.bk-luebeck.eu/zitate-lenin.html, zuletzt
geprüft am 09.04.2013.

Lin, Hang: Die Lehren des Meisters: Konfuzius und die chinesisch kulturelle Identität konfuzianischer Prägung. In: interculture journal 11 (2012), H. (19), S. 21-32. Online verfügbar unter http://www.interculture-journal.com/index.php/icj/article/view/179/281, zuletzt geprüft am 05.04.2013.

Linck, Gudula: Frau und Familie in China. Originalausg. München: C.H. Beck 1988 (= Beck'sche Reihe, 357).

Kleines Buch mit gutem bis sehr gutem Inhalt, leider schon etwas veraltet.

Lipinsky, Astrid: Das chinesische Ehegesetz. In: Menschenrechte für die Frau 12 (2007), H. 2, S. 22–23, zuletzt geprüft am 15.07.2013. Online verfügbar unter http://www.sinojus-feminae.eu/pdf/ehegesetz_china2_2007_2s.pdf, zuletzt geprüft am 04.08.2013.

Lipinsky, Astrid: „Fehlende Mädchen" in Chinas Bevölkerung. Buddhistische Nonne nimmt Mädchen auf. In: Menschenrechte für die Frau 12 (2007), H. 3, S. 20–21. Online verfügbar unter http://www.sinojus-feminae.eu/pdf/FehlendeMaedchen_%20buddhWaisenhei m2p-2007.pdf, zuletzt geprüft am 15.07.2013.

Lipinsky, Astrid: Frauenrechte in China. In: Bundeszentrale für politische Bildung (Hrsg.): Dossier China – Gesellschaft und Kultur. Berlin 2009. Online verfügbar unter http://www.bpb.de/internationales/asien/china/44315/frau enrechte, zuletzt geprüft am 29.03.2013.

Liu, Shengjun: The Chinese Dream. The fulfilment of China´s top national priorities requires a renewed focus on happiness. Online verfügbar unter http://english.caixin.com/2013-01-31/100488402.html, zuletzt geprüft am 29.03.2013.

Lorenz, Andreas; Lietsch, Jutta: Das andere China. Begegnungen in Zeiten des Aufbruchs. Berlin: wjs 2007.

Sehr preiswerter Reportage-Band zweier Journalisten.

Marx, Karl: Das Kapital. Kritik der politischen Ökonomie - Ungekürzte Ausgabe nach der zweiten Auflage von 1872. Mit einem Geleitwort von Karl Korsch aus dem Jahre 1932. Köln: Anaconda 2009.

Schwierig, aber man muss es gelesen haben.

Marx, Karl; Engels, Friedrich: Das Manifest der Kommunistischen Partei. Köln: Anaconda 2012 [Erstausg. 1847].

Ohne Worte. Pflichtlektüre auch für Demokraten.

McGregor, James: One Billion Customers. Lessons from the Front Lines of Doing Business in China. New York: Free Books 2005 (= Wall Street Journal Books).

Sehr gutes Buch eines Praktikers, der sowohl durch die amerikanische als auch durch die chinesische Brille blicken kann, leider sehr wirtschaftslastig. Gute Analyse von selbst erlebten Fällen aus der Praxis.

McGregor, Richard: The party. The secret world of China's communist rulers. Aktualisierte Auflage. London: Penguin 2012 [2010].

Sehr lesenswertes Buch über die KPCh.

Mosher, Steven M.: Hegemon. China's plan to dominate Asia and the World. San Francisco: Encounter Books 2002 [2000].

Interessantes und flüssig geschriebenes Buch zur Theorie „China als Bedrohung".

N.N.: Vanilla Gorilla: Looking for Caucasian teachers new Sihui East. Visa provided. Peking. Online verfügbar unter http://www.thebeijinger.com/classifieds/employment/201 3/07/14/looking-caucasian-teachers-new-sihui-east-visa-provided, zuletzt geprüft am 15.07.2013.

N.N.: Jakelin: Paid traveler partner is Needed. Native English speaker. Peking. Online verfügbar unter http://www.thebeijinger.com/classifieds/employment/201 3/07/14/paid-traveler-partner-needed-native-english-speaker, zuletzt geprüft am 15.07.2013.

Poerner, Michael: China-Knigge für deutsche Geschäftsleute? Die Darstellung Chinas in interkultureller Ratgeberliteratur. In: interculture journal 8 (2009), H. 9 , S. 111-130. Online verfügbar unter http://www.interculture-journal.com/index.php/icj/article/view/86/135, zuletzt geprüft am 05.04.2013.

Schmidt-Glintzer, Helwig: Kleine Geschichte Chinas. Frankfurt am Main: Fischer Taschenbuch Verlag 2010 (= Fischer Taschenbuch, 18.409).

Kurzer und guter Überblick zur chinesischen Geschichte.

Scollon, Ron; Scollon, Suzanne B. K.; Jones, Rodney H.: Intercultural communication. A discourse approach. 3. Aufl. Chichester: John Wiley & Sons 2011 (= Language in society).

Dieses Buch konnte nicht bewertet werden.

Strittmatter, Kai: Gebrauchsanweisung für China. 7. Aufl. München: Piper 2008 [2004] (= Serie Piper, 7.525).

Der Klassiker für China-Fremde.

Taubmann, Wolfgang: Bevölkerungsentwicklung in China. (Online-Handbuch Demographie). Hrsg. von Berlin-Institut für Bevölkerung und Entwicklung. Berlin 2007. Online verfügbar unter http://www.berlin-insti-tut.org/fileadmin/user_upload/handbuch_texte/pdf_Taubm ann_Bevoelkerungsentwicklung_China.pdf, zuletzt ge-prüft am 09.04.2013.

Utermark, Aljoscha: Chingchang-Chinese. Informationen über China-Aufenthalte. Weblog. Hrsg. v. Aljoscha Uter-mark. Peking: 2008-2013. Online verfügbar unter http://chingchang-chinese.eu, zuletzt geprüft am 15.07.2013.

Vereinigte Staaten von Amerika: Zensus 2010. Online ver-fügbar unter www.census.gov/2010census/data/, zuletzt geprüft am 05.04.2013.

Vertretungen der BRD in der VR China: Merkblatt: Ehe-schließung deutscher Staatsangehöriger in der VR China. Peking 2013. Online verfügbar unter http://www.china.diplo.de/Vertretung/china/de/01-service/familie/ehe/0-s.html, zuletzt geprüft am 05.04.2013.

Vogel, Ezra F.: Deng Xiaoping and the transformation of China. Cambridge, Mass.: Belknap Press of Harvard Uni-versity Press 2011.

Neuere Arbeit zum Leben von Deng Xiaoping. Lesenswert. Sehr stark in der VR China verbreitet.

Volksregierung Ningbo, siehe Informationszentrum.

Wacker, Gudrun; Kaiser, Matthis: Nachhaltigkeit auf chinesische Art. Das Konzept der „harmonischen Gesellschaft". Hrsg. von SWP Berlin – Deutsches Institut für Internationale Politik und Sicherheit. Berlin: SWP 2008 (= SWP-Studie, S 18). Online verfügbar unter http://www.swp-ber-lin.org/fileadmin/contents/products/studien/2008_S18_wk r_ks.pdf, zuletzt geprüft am 09.04.2013.

Wan, William: Georgetown students shed light on China's tunnel system for nuclear weapons. In: Washington Post, 29.11.2011. Online verfügbar unter http://articles.washingtonpost.com/2011-11-29/world/35280981_1_nuclear-weapons-georgetown-students-military-journals, zuletzt geprüft am 12.07.2013.

Wang, Lei: Wenn Konfuzius Schulz von Thun trifft … In: Dagmar Kumbier und Friedemann Schulz von Thun (Hrsg.): Interkulturelle Kommunikation. Methoden, Modelle, Beispiele. 5. Aufl. Reinbek bei Hamburg: Rowohlt-Taschenbuch-Verl. 2011 [2006] (= Sachbuch, 62.096), S. 187-205.

Absolut lesenswert, weil eine Chinesin ihre Probleme mit dem Konfuzianismus beim Leben in Deutschland schildert.

Weggel, Oskar: China, zwischen Revolution und Etikette. Eine Landeskunde. München: C.H. Beck 1981 (= Beck'sche schwarze Reihe, 239).

Trotz des Alters sehr lesenswert. Kurz, knapp, präzise.

Weggel, Oskar: Die Asiaten. Gesellschaftsordnungen, Wirtschaftssysteme, Denkformen, Glaubensweisen, Alltagsleben, Verhaltensstile. München: C.H. Beck 1989.

Umfangreiche Arbeit, die sich gut als Nachschlagewerk eignet.

Wikipedia®: Body-Mass-Index. Online verfügbar unter http://de.wikipedia.org/wiki/Body-Mass-Index, zuletzt geprüft am 05.04.2013.

Wikipedia®: Gao Kao. Online verfügbar unter http://de.wikipedia.org/wiki/Gao_kao, zuletzt geprüft am 29.03.2013.

Wikipedia®: Force de frappe. Online verfügbar unter http://de.wikipedia.org/wiki/Force_de_frappe, zuletzt geprüft am 29.03.2013.

Wikipedia®: Internetzensur in der Volksrepublik China. Online verfügbar unter http://de.wikipedia.org/wiki/Internetzensur_in_der_Volksr epublik_China, zuletzt geprüft am 29.03.2013.

Wikipedia®: Kulturrevolution. Online verfügbar unter http://de.wikipedia.org/wiki/Kulturrevolution, zuletzt geprüft am 29.03.2013.

Wikipedia®: Ningbo. Online verfügbar unter http://de.wikipedia.org/wiki/Ningbo, zuletzt geprüft am 29.03.2013.

Wikipedia®: Ningbo-Zhoushan-Hafen. Online verfügbar unter http://de.wikipedia.org/wiki/Ningbo-Zhoushan-Hafen, zuletzt geprüft am 05.04.2013.

Wikipedia®: Singles Day. Online verfügbar unter http://en.wikipedia.org/wiki/Singles_Day, zuletzt geprüft am 17.07.2013.

Xi, Jinping: Rede „Chinese Dream" auf dem XVIII. Parteitag der KPCh. Der Originaltext (auf Chinesisch) ist online verfügbar unter http://cpc.people.com.cn/n/2013/0318/c64387-20819181.html, zuletzt geprüft am 05.04.2013. Eine Übersetzung ins Englische mit Anmerkungen ist online verfügbar unter http://chinaelectionsblog.net/?p=21282, zuletzt geprüft am 05.04.2013.

Xinhua: Pursuing a dream for 1.3 billion Chinese. In: China Daily 33, 18.03.2013 (10.253), S. 5. Online verfügbar unter http://usa.chinadaily.com.cn/epaper/2013-03/18/content_16317236.htm, zuletzt geprüft am 09.04.2013.

Xu, Lin: Rented boyfriends keep parents at bay. In: China Daily 33, 19.01.2013 (10.207), S. 1-2. Online verfügbar unter http://www.chinadaily.com.cn/bizchina/2013-01/18/content_16142401.htm, zuletzt geprüft am 09.04.2013.

Yang, Dawen: Paragraphen für die Partnerschaft. Hrsg. von CIIC: China.org.cn. Peking 2001. Online verfügbar unter http://german.china.org.cn/news/txt/2001-02/02/content_2005314.html, zuletzt geprüft am 05.04.2013.

Yang, Wanli; Li, Yingqing: Healthy debate over premarital checks. Growing calls for potential couples to take tests, report Yang Wanli and Li Yanqing from Yunnan. In: China Daily 32, 26.11.2012 (10.160), S. 1; S. 6. Online verfügbar unter http://www.chinadaily.com.cn/2012-11/26/content_15956637.htm, zuletzt geprüft am 09.04.2013.

Zhou, Raymond: The price of love. Young people under pressure to tie the knot are resorting to the desperate measure of employing fake dates to meet and mislead their demanding parents. In: China Daily 33, 19.01.2013 (10.207), S. 11. Online verfügbar unter http://www.chinadaily.com.cn/cndy/2013-01/19/content_16142223.htm, zuletzt geprüft am 09.04.2013.

Zhu, Beijing: The gaokao. Still life's most important test? In: China Daily 32, 23.11.2012 (Nr. ?), S. 27. Online verfügbar unter http://europe.chinadaily.com.cn/epaper/2012-11/23/content_15952561.htm, zuletzt geprüft am 05.04.2013.

Sehenswertes

Fröder, Ellis: Frankreich. Das langsame Schrumpfen der Grande Nation (= Weltspiegel). ARD, 26.11.2012. Online verfügbar unter http://mediathek.daserste.de/suche/12565992_frankreich-das-langsame-schrumpfen-der-grande, zuletzt geprüft am 05.04.2013.

He, Tianre: Discovering Shangri-La (= Travelogue, 1-5). CCTV-9, 2010. Online verfügbar unter http://cctv.cntv.cn/lm/travelogue/shangrila/index.shtml, zuletzt geprüft am 21.04.2013.

Ji, Xiaoxun: diverse Interviews zu Lifestyle, Leben in China, Wirtschaft (= Crossover). CCTV-9, 2011. Online verfügbar unter http://cctv.cntv.cn/lm/crossover/program_video/index.shtml, zuletzt geprüft am 21.04.2013.

Ji, Xiaoxun: Virginity (= Crossover). CCTV-9, 03.06.2011. Online verfügbar unter http://english.cntv.cn/program/crossover/20110604/100462.shtml, zuletzt geprüft am 21.04.2013.

Ji, Xiaoxun: International marriage (= Crossover). CCTV-9, 28.06.2011. Online verfügbar unter http://english.cntv.cn/program/crossover/20110629/100986.shtml, zuletzt geprüft am 21.04.2013.

Ji, Xiaoxun: National entrance exam (= Crossover). CCTV-9, 26.06.2012. Online verfügbar unter http://english.cntv.cn/program/crossover/20120626/105269.shtml, zuletzt geprüft am 21.04.2013.

Ji, Xiaoxun: Transnational marriage. Mit Online-Befragung von Chinesen (= Crossover). CCTV-9, 12.07.2012. Online verfügbar unter http://english.cntv.cn/program/crossover/20121207/10138 5.shtml, zuletzt geprüft am 21.04.2013.

Ji, Xiaoxun: Divorce rate (= Crossover). CCTV-9, 28.02.2013. Online verfügbar unter http://english.cntv.cn/program/crossover/20130301/10036 0.shtml, zuletzt geprüft am 21.04.2013.

Ji, Xiaoxun: Gender imbalance (= Crossover). CCTV-9, 09.04.2013. Online verfügbar unter http://english.cntv.cn/program/crossover/20130410/10295 5.shtml, zuletzt geprüft am 21.04.2013.

Lübbers, Norbert: Laos. Leid der Bären (= Weltspiegel). ARD, 11.11.2012. Online verfügbar unter http://mediathek.daserste.de/suche/12420130_extra-video-zu-laos-das-leid-der-baeren-, zuletzt geprüft am 05.04.2013.

Reimers, Ariane: China. Sexualaufklärung Fehlanzeige (= Weltspiegel). ARD, 21.10.2012. Online verfügbar unter http://mediathek.daserste.de/suche/12197262_china-sexualaufklaerung-fehlanzeige, zuletzt geprüft am 05.04.2013.

Leseempfehlungen „deutsche Kultur"

Bausinger, Hermann: Typisch deutsch: Wie deutsch sind die Deutschen. 5. Aufl. München: C.H. Beck 2009 (= Beck'sche Reihe, 1.348)

Dorn, Thea; Wagner, Richard: Die deutsche Seele. München: Knaus 2011.

Gay, Jutta: 1.000 Gründe Deutschland zu lieben: Von Asbach Uralt bis Zeitgeist: Was ist „typisch deutsch"? Rastatt: Moewig 2009.

Gelfert, Hans-Dieter: Was ist deutsch? Wie die Deutschen wurden, was sie sind. München: C.H. Beck 2005 (= Beck'sche Reihe, 1.657).

Gorski, Maxim; Birg, Heinz: Gebrauchsanweisung für Deutschland. 2. Aufl. München: Piper 2002 [1996] (= Reihe Piper, 7.506)

Haffner, Sebastian: Von Bismarck zu Hitler. Hamburg: Nikol 2009 [1989].

Schroll-Machl, Sylvia: Doing business with Germans. Their perception, our perception. 5. Aufl. Göttingen: Vandenhoeck & Ruprecht 2013.

Seitz, Erwin: Die Verfeinerung der Deutschen. Eine andere Kulturgeschichte. 1. Aufl. Berlin: Insel 2011.

Watson, Peter: The German genius. Europe's third renaissance, the second scientific revolution and the twentieth century. London: Simon & Schuster 2011.

Anmerkungen

1   Scheidung[4] steht für alle Lebensbereiche in denen Scheidungen vorkommen können: im Privaten, in der Politik, in der Wirtschaft und in der Wissenschaft.

2   Für eine Liste deutschsprachiger China-Ratgeber für den Zeitraum 1986-2008 siehe Poerner 2009, S. 126-128.

3   Diese Aussage stammt von Scollon: „All communication is interpersonal communication and can never be intercultural communication.", zitiert nach: Heringer 2004, S. 131.

4   Unter Kultur versteht man „die kollektive Konstruktion der Wirklichkeit", vgl. Erll 2007, S. 170.

5   Unter Integration wird die positive Anpassung an die
         dominante kulturelle Gruppe unter Beibehaltung der
         eigenen kulturellen Identität verstanden. Assimilati-
         on verzichtet auf diese Beibehaltung. Zur weiteren
         Einordnung von Integration und Assimilation als
         Teil des Kulturkontaktes siehe Erll 2007, S. 67-72,
         insbesondere S. 70.

6   Vgl. Erll 2007, S. 70.

7   Warum soll man denn die Feinheit der deutschen
         Sprache nicht nutzen, wenn sie die Realität besser
         beschreiben hilft?

8   Die Zuspitzung „Reich der Mitte 2.0" wurde ge-
         wählt, weil der Verfasser sich nicht des Eindruckes
         erwehren kann, dass sich die VR China schon heute
         sehr dem alten, kaiserlichen und imperialen China
         ähnelt. Zudem scheint es, als ob dies Eingang in das
         Denken und in das politische Handeln gefunden hat.
         Chinesische Wissenschaftler knüpfen bei weltweit
         publikumswirksamen Diskussionsrunden bewusst an
         die Tang-Dynastie an. Der Pekinger Professor
         Daokui David Li spricht bspw. von einer Renais-
         sance der Tang-Dynastie als Leitbild. Für Li vgl.
         Ferguson 2012, S. 102.

Der chinesische Staatspräsident und Generalsekretär der KPCh Jinping Xi hielt auf dem XVIII. Parteitag der KPCh eine Rede mit dem Titel „Chinese Dream". Xi sprach dort erneut von der Wiederbelebung der chinesischen Nation, die er 2049 erfüllt sehen möchte. Er führte aus: „We will surely complete the building of a moderately prosperous society in all respects when the CPC celebrates its centenary, and turn China into a modern socialist country that is prosperous, strong, democratic, culturally advanced and harmonious when the PRC marks its centennial", zitiert nach Xinhua 2013. Erwähnenswert ist auch dieses Zitat Xi's: „Our system will be improved and the *superiority* of our socialist system will be fully demonstrated through a brighter history." [Hervorhebung durch den Verfasser], zitiert nach Xinhua 2013. Im November 2012 hatte Xi während des Besuches einer Ausstellung über die Geschichte Chinas während der letzten 170 Jahren ausgeführt: „Our people love life and expect a better education system, more job stability better income, more reliable social security, medical care of higher standard, more comfortable living conditions and a more beautiful environment. They hope that their children can grow up better, work better and live better. The yearning for a good and beautiful life is a goal for us to strive for.", zitiert nach Liu 2013. Zum Vergleich zwischen westlicher und chinesischer Interpretation siehe Cohen 2012 und Liu 2013.

9 Burger nennt eine Häufung von Einträgen auf chinesischen Online-Foren zur Attraktivität von Ausländern und Chinesen: „Some Chinese girls say Chinese men´s penises are smaller than most foreigners´ and they find sex with the foreigner more satisfying.", ders. 2012, S. 45. Burger betont jedoch die fehlende Bestätigung!

10 Ningbo, mitunter auch Klein-Schanghai genannt, ist eine Unterprovinzstadt und Tier-2-Stadt in der ostchinesischen Provinz Zhejiang, ungefähr 150 km südlich von Schanghai. Ningbo wurde ab dem 16. Jhdt. als Handelsniederlassung von Portugiesen genutzt. Die Stadt verfügt über zwei bedeutende Tiefseehäfen (zivil und militärisch genutzt). Siehe zur Stadt Wikipedia®: Ningbo und Volksregierung Ningbo: Netzauftritt. Für erste Informationen zu den Häfen siehe Wikipedia®: Ningbo-Zhoushan-Hafen.

11 Gespräch mit einem amerikanischen Architekten in Ningbo, VR China im März 2012.

12 Die scheinbare Besessenheit chinesischer Männer für Jungfernhäutchen beschreibt Burger 2012, S. 52-56. Siehe hierzu auch den Fernsehbeitrag von Ji vom 03.06.2011.

13 Die chinesischen Kaiser trugen u. a. ihre Fingernägel sehr lang und geschmückt, um ihre Ferne von handwerklicher Arbeit deutlich zu machen. Durch gebildete Untertanen wurde das häufig imitiert, in dem man den Fingernagel am kleinen Finger wachsen ließ. Im RdM 2.0 trifft man das heute sehr häufig auch bei Dienstleistungsberufen (z. B. Friseur) an. Diese Berufe gehören aber in der Regel nicht zu den bestverdienenden und damit privilegierten Berufen.

14 Siehe Burger 2012, S. 63-66 und S. 71-84.

15   Vgl. Erll 2007, S. 70 und siehe auch Heringer 2004, S. 194.

16   Der Renminbi (Volkswährung) ist die Währung in der VR China. 8,2 RMB sind 1,- €, Stand: 11.03.2013, vgl. Bankenverband 2013.

17   Der Begriff „Kampf der Kulturen" stammt von Samuel Huntington, der in seinem Werk mit dem gleichnamigen Titel die Möglichkeit von Konflikten zwischen Kulturen beschreibt, siehe ders. 1996. Man beachte jedoch, dass der englische Begriff „clash" nicht unbedingt Kampf sondern Aufeinandertreffen bedeutet.

18   Trotz des sozialen Wandels in den Großstädten
        zwingen traditionelle Rollenerwartungen und die ho-
        hen Immobilienpreise unverheiratete Frauen häufig
        wieder zu Wohnsitznahmen bei den Eltern. Unver-
        heiratet-Sein gilt auch als schamvoll, vgl. Linck
        1988, S. 137. Trotz des Wandels in Städten wie in
        Peking oder Schanghai sollte man die Trägheit sozia-
        ler Veränderungsprozesse berücksichtigen. Nicht die
        unabhängige Mittzwanzigerin mit guter Ausbildung
        ist der Normalfall im Schwellenland VR China, son-
        dern die gut ausgebildete und arbeitende Mutter ei-
        nes Kindes, die mehr oder weniger von ihrem Mann
        und dessen Familie abhängig ist. Siehe zum Rollen-
        verständnis innerhalb chinesischer Familien im Alten
        China auch Granet 1985, S. 171-229.

19   Vgl. Burger 2012, S. 1.

20   Städte wie Schanghai sind nicht (!) repräsentativ für
        das RdM 2.0. Ende 2010 lebten fast 600.000 Aus-
        länder in der VR China. Das entspricht 0,5 % der In-
        länder. Die größte Gruppe waren Koreaner aus Süd
        Korea mit 120.000. US-Amerikaner stellten mit
        71.000 die zweitgrößte Gruppe. Die meisten Auslän-
        der lebten in den Städten Peking, Schanghai und
        Guangzhou, siehe hierzu CNTV 2011. Rechnet man
        das Verhältnis zwischen lokaler Bevölkerung und
        Fremden aus, so kamen in 2010 auf 1 Ausländer
        2.233 Chinesen! Wenn man nun die Konzentration
        von Ausländern in den Tier-1-Städten (Guangzhou,
        Peking, Schanghai, Shenzhen, Tianjin) bedenkt,
        dann ist man als Ausländer in anderen Städten oder
        Regionen etwas Ungewöhnliches. Als deutscher
        Mann hat man beinahe ein Alleinstellungsmerkmal.
        Diese geringe Anzahl von Ausländern mag auch so
        manches Missverständnis im Alltag erklären.

21   Politische Kampagne im Zeitraum von 1966-1976, vordergründig zur Modernisierung der VR China, hintergründig eine Kampagne zur Absicherung der Macht von Mao Tse-tung. Vgl. zur Einführung Schmidt-Glintzer 2010, S. 198-203, und siehe Wikipedia®: Kulturrevolution, Hsia 1971, S. 12-38 und auch Domes 1975, S. 20-58. Die Folgen der Kulturrevolution sind nach Ansicht des Verfassers heute noch zu spüren: Misstrauen, Materialismus und ein unpolitischer Lebensstil wie im Biedermeier.

22   Siehe Lin 2012.

23   Hierarchien sind das Gerüst für konfuzianisch geprägte Gesellschaften. Jeder hat seinen festen Platz in der VR China. Die fünf Beziehungen sind: König-Untertan, Vater-Sohn, Mann-Frau, Alt-Jung und Freund-Freund, vgl. Kong 2008, S. 53. Strittmatter führt zur Hierarchie in der VR China die folgende Beobachtung an: „Vielleicht ist es auch so: Wenn einer in der Mitte der Welt steht, auf der Achse, um die sich alles dreht, dann braucht er sich nicht groß zu kümmern um Norden, Süden, Osten und Westen. Wichtig sind dann nicht diese Himmelsrichtungen und nicht links und rechts, wichtig ist dann die Orientierung in einer ganz anderen Dimension: die in der Vertikalen. Nach oben und nach unten also. Das Zurechtfinden zwischen Himmel und Erde, zwischen den Menschen über mir und denen unter mir: das zählt.", ders. 2008, S. 44. Eine chinesische Sicht liefert Lin mit der Aussage, dass Hierarchien im Konfuzianismus gleichbedeutend mit Ordnung und die *Quelle* für Glück und Frieden seien, vgl. ders. 2012, S. 25.

24   Die Anzahl der US-Bürger mit chinesischen Vorfahren betrug 2010 3,535 Millionen, vgl. Vereinigte Staaten von Amerika 2010.

25   Vgl. Weggel 1989, S. 214.

26   CCTV News, eigentlich CCTV-9, bietet verschiedene Sendungen mit ausländischen Interviewpartnern. Sehr amüsant ist ein Format im Frühstücksfernsehen, siehe Ji 2011.

27   Für diese alte chinesische Denkweise über die Welt außerhalb Chinas siehe Jacques 2009, S. 233-276 oder Schmidt-Glintzer 2010, S. 25.

28   McGregor, ehemaliger Vorsitzender der American Chamber of Commerce (vergleichbar mit einer AHK) in China, fasst nach 16 Jahren Pressearbeit und Arbeit als Investor seine Erfahrungen in Verhandlungen mit Chinesen wie folgt zusammen: „The issue of basic respect is extremely important. […] But notions of equality, mutual benefit, and respect are *one-sided* in China. You are expected to be very sensitive to Chinese feelings, but don't expect the same in return. You are, after all, a barbarian on their turf." [Hervorhebung durch den Verfasser], ders. 2005, S. 51.

29   Die Sparquote in der VR China lag in 2011 durchschnittlich bei über 40 %, vgl. Arnold 2012.

30   Vgl. Kong 2008, S. 14-23.

31   Siehe Wacker 2008.

32 Vgl. Strittmatter 2008, S. 24. Viele Chinesen sind vermutlich deswegen so verwirrt, weil sich nicht nur die fremde Welt dem Land und seinen Menschen aufdrängt, sondern weil der soziale Wandel, der Wandel in den Arbeitsbedingungen und der technologische Fortschritt das Land auf den Kopf stellen. Woran soll sich denn der einzelne Chinese halten können, wenn nicht an die Familie oder an andere soziale Gruppen wie die KPCh, die Sicherheit, Stabilität und ein Gefühl der Geborgenheit bieten / versprechen? Lorenz berichtet in Bezug auf Religion von „Suche nach Halt", ders. 2007, S. 158. Jedoch besteht in der VR China das Problem, dass der Staat zwar in der Verfassung Religionsfreiheit garantiert, aber gleichzeitig die Besetzung von Bischofsstühlen kontrolliert. Somit findet der Haltsuchende in den Kirchen meistens wieder geduldete Amtsträger, die von der mächtigsten sozialen Gruppe (der KPCh) kontrolliert, aber auch zugelassen werden, um den Menschen etwas mehr Freiraum bei gleichzeitiger Bewahrung der politisch-sozialen Ordnung zu geben. Vgl. für die Problematik der Beziehungen zwischen den Kirchen und der KPCh Lorenz 2007, S.165-169.

33 Eine nette kleine Anekdote zu dem Phänomen Gesicht gibt Lorenz 2007, S. 72. Für einen Überblick zur Gesichtskultur in Asien (!) siehe Weggel 1989, S. 298f. und ders. 1981, S. 62-68.

34 Jobangebote als Begleitung bei Geschäftsreisen innerhalb der VR China kann man auf diversen Webseiten für Ausländer finden, vgl. N.N.: Jakelin 2013.

35 Vgl. McGregor 2005, S. 20.

36 Das Gespräch fand auf einem Flug nach China im September 2012 statt.

37 K[5]-Deutsch steht für Kamerad, Kegelclub, Kindergarten, Kneipen, Kumpel-Deutsch.

38 Siehe Bickers 2012.

39 8 % von 1,34 Milliarden sind „nur" 107 Millionen Menschen. Übrigens, am 11.03.2013 hat CCTV News stolz gemeldet, dass das Genom der mongolischen Minderheit vollständig entschlüsselt sei. Wofür denn das? Wollen Sie Mongolen klonen oder züchten?

40 Ren ist ein zentraler Begriff in der Philosophie, die Kong Qi vor über 2.000 Jahren aufgestellt hat. Eine sehr lesenswerte Einführung finden Sie bei Lin 2012.

41 Mitunter werden diskriminierende Stellenanzeigen auch von „Barbaren" im Netz veröffentlicht, wie die Stellenanzeige von N.N.: Gorilla Vanilla zeigt, der Englisch-Lehrer mit weißer Haut sucht, vgl. ders. 2013.

42 Vgl. diverse Sendungen der Reihe Travelogue auf CCTV News, insbesondere He 2010.

43 Vgl. Chen 2012.

44 In der Verfassung der VR China garantiert seit 1950, vgl. Lipinsky 2007, 2009 und siehe Burger 2012, S. 56-57, und insbesondere Linck für die Bedeutung der Familie in der VR China, dies. 1988, S. 117-141. Für die Entwicklung des Ehegesetzes in der VR China siehe Yang 2001.

45 Siehe hierzu Taubmann 2007, S. 5 und Ji vom 09.04.2013.

46   Siehe Burger, S. 112, und Taubmann 2007, S. 5, den Fernsehbeitrag von Ji vom 09.04.2013 oder auch Lipinsky 2007.

47   Vgl. Lipinsky 2009 und zur groben Einschätzung der Umsetzung Burger 2012, S. 33.

48   Siehe hierzu Wang 2011.

49   Mit dem Begriff Idiot werden zwar in unserer Zeit vornehmlich dumme Menschen bezeichnet, im Alten Griechenland bezeichnete es jedoch eine Privatperson, die sich nicht für die öffentliche Sache engagierte. Aufgrund von Mobilität war und ist dieses für den Verfasser bislang nicht möglich gewesen.

50   Weggel beschreibt zwar das Vorhandensein traditio-
        neller, aber teilweise sehr flexibler Rollenbilder für
        das weibliche Geschlecht in Asien, so dass die Frau-
        en mitunter beträchtliche Macht in ihren Familien
        haben konnten. Die Männer „rangieren" an zweiter
        Stelle, auch wenn es nach außen anders erscheinen
        mag. Die Frauen sind somit in Asien nicht das
        schwache Geschlecht, ders. 1989, S. 277-284, und
        ders. 1981, S. 211-214.

51   Vgl. Catalyst 2012, S. 4. Eigene Berechnung für die
        BRD, basierend auf BfA 2012, S. 53.

52   Für die Veränderungen im Scheidungsverhalten
        siehe Burger 2012, S. 59-61.

53   Weggel nennt gerade die Untreue des Ehemannes als
        eines der wichtigsten Mittel zur Ausübung von
        Macht durch die Ehefrau, siehe ders. 1989, S. 280.
        Ließe sie sich scheiden, dann würde sie nicht nur
        evtl. nach dem neuen Scheidungsrecht von 2011 ma-
        terielle Nachteile haben, sondern auch dieses
        Machtmittels beraubt sein. Zu einigen Problemen in
        chinesischen Ehen siehe He 2013, S. 1, 6.

54   In 2008 standen 10,98 Millionen Eheschließungen
        2,26 Millionen Scheidungen gegenüber. In 2011 wa-
        ren es 13 Millionen Eheschließungen und 2,87 Milli-
        onen Scheidungen. Die Scheidungsrate stieg im Zeit-
        raum 2008-2011 kontinuierlich an, von 1,7 % in
        2008 auf 2,13 % in 2011. Vgl. He 2013, S. 6. Burger
        führt an, dass die Rate für eine Rettung der alten Ehe
        durch eine erneute Heirat in 2009 bei 7 % gelegen
        habe, ders. 2012, S. 60f. Siehe zur Scheidungsrate
        auch den Fernsehbeitrag von Ji vom 28.02.2013.

55   Die Frage der Haftung bei Unfällen und auch bei Hilfeleistung ist eher schwierig im RdM 2.0. Die Zeitungen berichten über Chinesen, die anderen Chinesen vom Boden aufhelfen wollten und dann als Verursacher für den Sturz bezichtigt worden sind. Das muss nicht bei Ihnen vorkommen, aber vergessen Sie bitte nicht, eine gute Haftpflichtversicherung abzuschließen. Bei Erster Hilfe am Unfallort ist es ähnlich. Fast keiner hilft, die Mehrzahl gafft und macht Bilder. Diese Aussage beruht auf Beobachtungen des Verfassers in Ningbo im Zeitraum 2011 bis 2014.

56   Zitiert nach McGregor 2005, S. 20.

57   Siehe die Biographie über Immanuel Kant von Geier, ders. 2005. Für eine Einführung in die Epoche der Aufklärung innerhalb der europäischen Philosophie siehe Geier 2012.

58   Das chinesische Kaiserreich hat sich seit Beginn des 15. Jahrhunderts (Zerstörung der Hochseeflotte) und der Ausweisung fast aller jesuitischen Missionare vom Rest der Welt abgenabelt. Erst durch die wiederholten Versuche Englands (friedlich und kriegerisch) öffnete sich das Reich der Mitte zur Mitte des 19. Jahrhunderts dem Freihandel und der Welt durch erzwungene Zulassung von Handelsniederlassungen und christlichen Missionen, vgl. zur Einführung Schmidt-Glintzer 2010, S. 99-105. Eine zweite Welle der Öffnung findet seit 1978 in der VR China statt, vgl. ders. 2010, S. 205-211. Gestatten Sie mir eine Einschätzung zu diesen beiden Entwicklungen: Die Erste war mehr eine von außen Erzwungene, die Zweite mehr eine von innen erzwungene, strategische Notwendigkeit für die kommunistische Führung Chinas für den Machterhalt im RdM 2.0.

59   Zu nennen wären die sogenannte China-Firewall und
       die im Bau befindliche „neue Große Mauer", ein
       mehrere Hundert Kilometer umfassendes Tunnelsys-
       tem zur Aufnahme der landgestützten strategischen
       Nuklearwaffen (2. Artilleriekorps) der VR China.
       Mehr Informationen zur Internet-Firewall finden Sie
       zur Einführung auf Wikipedia®: Internetzensur in
       der Volksrepublik China oder ausführlicher in der
       Arbeit von Becker 2011. Zur land- und seegestützten
       Nuklearbewaffnung siehe Mosher 2002, S. 86-88,
       und Wan 2011.

60   Für regionalen Kannibalismus in der VR China in
       den Jahren 1958 bis 1962 durch die Hungersnot wäh-
       rend der Modernisierungskampagne „Großer Sprung
       nach Vorne" siehe Dikötter 2010, S. 320-323.

61 Dies ist laut eigener Recherchen verboten, aber es wird trotzdem in der Provinz Guangdong gemacht. Es ist jedoch nicht (!) für ganz China zu verallgemeinern.

62 Einen abschreckenden Fernsehbeitrag liefert Lübbers 2012. Über andere Potenzmittel berichtet Burger 2012, S. 188f.

63 Gemäß dem Mikrozensus von 2009 lag die Quote von Übergewicht bei deutschen Männern bei 60,1 % (!), vgl. Wikipedia®: Body-Mass-Index.

64 KMI ist ein geschlechtsunabhängiger Wert, bei dem Körperlänge und Gewicht zueinander in Beziehung gesetzt werden. Ein Wert unter 20 bedeutet in den meisten Fällen Untergewicht, ein Wert über 25 meistens Übergewicht. Das Intervall 20-25 bezeichnet in der Regel normalgewichtige Personen. Berechnung: Gewicht [kg] / (Körperlänge [m] * Körperlänge [m]). Siehe hierzu Wikipedia®: Body-Mass-Index und die dort angegebenen Quellen.

65 Siehe hierzu zum Einstieg Kong 2008.

66 Siehe zum Leben von Mao Tse-tung die Biografie von Grimm 1975 oder auf Englisch von Chang 2005.

67 Siehe Marx 2012.

68 Siehe Marx 2009.

69   Siehe Bergère 2000.

70   Vgl. zur Kontrolle der tertiären Bildungseinrichtungen durch die KPCh die Darstellung mit Beispielen bei McGregor 2012, S.78-80.

71   Siehe Franz 1987.

72   Dieser Gedanke stammt von Lenin. Online verfügbar unter: http://www.bk-luebeck.eu/zitate-lenin.html, zuletzt geprüft am 09.04.2013.

73   Siehe für die Song-Dynastie Kuhn 1987. Vgl. für einen Überblick zum Wandel der Einstellung zur körperlichen Liebe während der Song-Dynastie und der Veränderungen während der Qing-Dynastie Burger 2012, S. 24-31.

74   Vgl. Bankenverband 2013.

75   Vgl. zum chinesischen Hierarchiedenken Lin 2012, S. 26.

76   Einmal Handtasche-Tragen, Gespräche und Sex während der Schulzeit wird in Ningbo mit ca. 7.000,- RMB belohnt. Im Vergleich kostet der Besuch bei einer weiblichen Prostituierten pro Nacht ca. 500,- RMB. Eigene Recherche.

77   Diese Zuspitzung stammt von Mosher, ders. 2002, S. 38.

78   Vgl. Yang 2012.

79   Vgl. Covey 1999, S. 96-144.

80   Zur Eheschließung in der VR China und der Legalisierung in der BRD siehe die Merkblätter der Vertretungen der BRD in der VR China 2013.

81   Siehe hierzu die Anmerkung 23.

82   Geld macht es eben möglich, wenn die Natur einer Frau nicht genügend mitgegeben hat. Höre Sendker 2008 oder siehe Strittmatter 2008, S. 180-184.

83   Die Bezeichnung „chinesischer Valentinstag" wird manchmal in der VR China fälschlicherweise für den 11.11., den 光棍节, Single-Tag, verwendet. Dies ist ein seit den 90er-Jahren unter jungen Menschen beliebter Tag zum Feiern, vgl. Wikipedia®: Singles Day. Ab ihm haben die oft gescholtenen, teilweise ausgegrenzten Alleinstehenden dann bis zum chinesischen Frühlingsfest noch zwei Monate Zeit, um eine Begleiterin / einen Begleiter zu finden. Als Ungebundener zu diesem Familienfest zu gehen, kann eine Form von Folter für „unabhängige" Chinesen sein. Fragen Sie doch einfach mal beim nächsten Chinesen im Büro nach oder lesen Sie Xu 2013 und Zhou 2013.

84   Siehe zur „Obsession" Essen Strittmatter, S. 63-84.

85   Das Preisniveau für moderne Statussymbole liegt zwar häufig im offiziellen Handel auf einem ähnlich hohen Niveau wie in Deutschland, aber es gibt auch andere, preiswertere Bezugsquellen.

86   Siehe zur Unterscheidung zwischen direkter und indirekter Kommunikation Erll 2007, S. 87-89, und zur nonverbalen Kommunikation, dies., S. 110-142.

87   Im RdM 2.0 ist die soziale Norm noch sehr weit verbreitet, dass Unverheiratete bei ihren Eltern wohnen sollen.

88   Strittmatter 2008, S. 25.

89   Im geheimen Zusatzprotokoll zum Münchner Abkommen von 1938 vereinbarten das Deutsche Reich und die UdSSR einen gegenseitigen Verzicht auf Kampfhandlungen, siehe Hass 1990 und zur Information den Aufruf von Birthler 2009. Dieser Vertrag wurde in den Schulbüchern der DDR verschwiegen, denn wie sollte man die Zusammenarbeit von Klassenfeinden rechtfertigen? Die BRD wäre vielleicht gar kein kapitalistischer Klassenfeind mehr gewesen, und die UdSSR hätte auch in einem anderen Licht gestanden.

90   Siehe als Gegenbeispiel Häring-Kuan 2007.

91 W² steht für Wirtschaft und Wissenschaft.

92 Vgl. Fröder 2012.

93 Das ist die Bezeichnung für die nukleare Bewaffnung der französischen Armee, vgl. Wikipedia®: Force de frappe.

94 Unzuverlässigkeit ist im RdM 2.0 einer der schlimmsten Vorwürfe, den man Ihnen nach der Kulturbeleidigung machen kann. Es geht aber nicht nur um Unzuverlässigkeit im Berufs- und Arbeitslebens, sondern auch im Privaten. Was viele Chinesen bloß nicht verstehen, ist, dass Telefonate oder plötzliche Besuche bei viel Arbeit einfach störend empfunden werden können, und sie es auch häufig sind. Das verstehen sie nicht, weil sie der Überzeugung sind: Man müsse sich doch 24 / 7 über den sozialen Kontakt freuen und nicht nur selbstverliebt, egoistisch weiter arbeiten wollen. Effizienz scheint, nach Ansicht des Verfassers, nicht eine Stärke vieler Chinesen zu sein.

95 Vgl. McGregor 2005, S. 271.

96 Die Gaokao ist die zentrale Hochschulaufnahmeprüfung in der VR China. Der Punktwert ist ein maßgeblicher, aber nicht ausschließlicher Faktor zur Zuweisung des Studienortes und indirekt des Studienfaches. Sie ist nicht die Mutter aller chinesischen Prüfungen, denn diese ist die Prüfung für die Aufnahme in den Öffentlichen Dienst in der VR China. Siehe zur Einführung Wikipedia®: Gaokao und die Berichterstattung zum öffentlichen Mitleiden bei Zhu 2012 und auch den Beitrag von Ji vom 06.06.2012. Zur Geschichte der chinesischen Beamtenprüfungen

siehe Lin 2012, S. 26f. und Schmidt-Glintzer 2010, S. 77.

97 Burger führt dazu aus: „Most women still believe it is best to date only one man and to marry him. Once the man invites her on a second or third date, he is indicating that he's serious, that he is hoping for an exclusive relationship, and that marriage may be in the cards. If the girl tells him at some point that she likes or misses him, or if she casually touches him, the man knows that she, too, is getting serious.", ders. 2012, S. 38.

98 Vgl. Reimers 2012.

99 Siehe Reimers 2012.

100 Das ist eine Anspielung auf eine beliebte Zeichentrickfigur aus dem anglo-amerikanischen Raum, die in den 80er-Jahren bei Mädchen sehr beliebt gewesen ist.

101 Das ist schon ein eigenartiger Begriff. Wenn es Hochkulturen gäbe, dann müsste es auch Niedrigkulturen geben. Wenn man dieser Unterscheidung zustimmt, was bedeutet das dann für die Menschen aus diesen Kulturkategorien? Sind die Einen mehr wert als die Anderen? Haben die Ersteren einen Führungsanspruch über die Letzteren? Der Verfasser denkt das nicht, aber fragen Sie doch Ihren chinesischen Kollegen oder Studenten, was er als Chinese dazu zu sagen hat.

102 Eine gute Möglichkeit der Weitergabe an andere Menschen finden Sie unter www.bookcrossing.com.

Sachregister

www.tredition.de

Über tredition

Der tredition Verlag wurde 2006 in Hamburg gegründet. Seitdem hat tredition Hunderte von Büchern veröffentlicht. Autoren können in wenigen
leichten Schritten print-Books, e-Books und audio-
Books publizieren. Der Verlag hat das Ziel, die
beste und fairste Veröffentlichungsmöglichkeit für
Autoren zu bieten.

tredition wurde mit der Erkenntnis gegründet,
dass nur etwa jedes 200. bei Verlagen eingereichte
Manuskript veröffentlicht wird. Dabei hat jedes
Buch seinen Markt, also seine Leser. tredition sorgt
dafür, dass für jedes Buch die Leserschaft auch
erreicht wird

Autoren können das einzigartige Literatur-
Netzwerk von tredition nutzen. Hier bieten zahlreiche Literatur-Partner (das sind Lektoren, Über-
setzer, Hörbuchsprecher und Illustratoren) ihre
Dienstleistung an, um Manuskripte zu verbessern
oder die Vielfalt zu erhöhen. Autoren vereinbaren
unabhängig von tredition mit Literatur-Partnern

die Konditionen ihrer Zusammenarbeit und können gemeinsam am Erfolg des Buches partizipieren.

Das gesamte Verlagsprogramm von tredition ist bei allen stationären Buchhandlungen und Online-Buchhändlern wie z. B. Amazon erhältlich. e-Books stehen bei den führenden Online-Portalen (z. B. iBookstore von Apple) zum Verkauf.

Seit 2009 bietet tredition sein Verlagskonzept auch als sogenanntes "White-Label" an. Das bedeutet, dass andere Personen oder Institutionen risikofrei und unkompliziert selbst zum Herausgeber von Büchern und Buchreihen unter eigener Marke werden können.

Mittlerweile zählen zahlreiche renommierte Unternehmen, Zeitschriften-, Zeitungs- und Buchverlage, Universitäten, Forschungseinrichtungen, Unternehmensberatungen zu den Kunden von tredition. Unter www.tredition-corporate.de bietet tredition vielfältige weitere Verlagsleistungen speziell für Geschäftskunden an.

tredition wurde mit mehreren Innovationspreisen ausgezeichnet, u. a. Webfuture Award und Innovationspreis der Buch-Digitale.

tredition ist Mitglied im Börsenverein des Deutschen Buchhandels.

Zeitfracht Medien GmbH
Ferdinand-Jühlke-Straße 7
99095 Erfurt, Deutschland
produktsicherheit@kolibri360.de